Jovette Fournier

Wolfgang

Des fleurs pour toutes les occasions

Centre de Formation Horticole de Laval.

Les conseils d'un spécialiste pour les formes, les couleurs et la composition florale

Photos couleurs :
Jürgen Stork

Traduction :
Catherine Weinzorn

Collection dirigée par
Patrick Mioulane

HACHETTE

Table des matières

Bouquet d'été avec iris, giroflées et différentes fleurs exotiques.

Coupe des tiges en biseau.

Roses, conifères et protéacées.

Maintien des fleurs à tige creuse.

Les photos en couleurs des pages de couverture

1re de couverture : bouquet estival composé de célosies, dahlias, scabieuses étoilées, chrysanthèmes, orpin, troène, asparagus, fruits de millepertuis et feuilles de bergénia.
2e de couverture : bouquet rond composé de roses, renoncules, marguerites, gypsophile, carex, fougère et feuilles de gaulthéria.
3e de couverture (page 64) : bouquet printanier composé de tulipes, renoncules, marguerites, gypsophile, fougère, asparagus (*asparagus plumosus*) et plumes.
4e de couverture : un élégant bouquet d'été.

En guise d'introduction

Vous souhaitez composer des bouquets ? De nos jours, où jardins et fleuristes offrent une gamme très variée de fleurs coupées et de feuillages, vous n'aurez que l'embarras du choix. Qui n'est pas sensible au plaisir de réaliser un joli bouquet avec quelques fleurs du jardin ou une douzaine de roses achetées à bon prix ? Un bouquet composé de ses mains pour fleurir sa maison ou pour offrir présente un attrait particulier et un caractère très personnel.
Mais nombreux sont les amateurs de fleurs qui n'osent pas se lancer dans la réalisation de bouquets élaborés, comme ceux qu'ils ont admirés dans la vitrine du fleuriste. C'est pourtant un art facilement accessible à tous ceux qui aiment les activités créatrices et qui peut aussi s'apprendre : ce petit guide va vous le montrer. Pour la première fois, en effet, chaque étape de la réalisation est visualisée par une photo en couleurs et accompagnée de conseils précis, que vous pourrez suivre facilement. A l'aide de ces photos et des textes qui les accompagnent, mais aussi grâce aux indications détaillées sur le nombre de fleurs nécessaires, les combinaisons de couleurs, le choix du feuillage (ou d'autres accessoires décoratifs), vous apprendrez vite à réaliser toutes sortes de bouquets -du bouquet simple au bouquet de style- en passant par de charmants bouquets boule. Pour que tout soit vraiment parfait, notre maître fleuriste Wolfgang Koristka, vous montre comment lier vos bouquets, condition indispensable pour réussir les compositions. Avec une méthode simple, il vous explique comment vous entraîner à disposer correctement les fleurs selon un mouvement de spirale. Au-delà de cette initiation, il vous familiarise également avec le "tigeage", destiné à soutenir vos fleurs par l'intérieur ou l'extérieur de la tige et avec les différentes techniques indispensables pour travailler les fleurs les plus variées. Il ne vous cache pas non plus que c'est en forgeant que l'on devient forgeron... Mais avec un peu de patience, même un débutant peut arriver en peu de temps à composer un joli bouquet.
L'auteur vous donne des indications très détaillées sur le choix des fleurs en fonction de leur harmonie. Chaque fleur a sa forme propre, que le fleuriste nomme mouvement ou port ; il joue un grand rôle dans l'effet que produit le végétal à l'intérieur d'un bouquet. Un symbole est attribué à chaque mouvement : il vous permet d'intégrer correctement chaque espèce dans un bouquet. Tous ces conseils pour vous aider à composer des bouquets "originaux" sont complétés, à la fin de l'ouvrage, par un tableau récapitulatif, dans lequel sont indiqués le mouvement des fleurs à couper les plus courantes et leur période de floraison. Pour que vos bouquets tiennent longtemps, vous trouverez également dans ce guide des conseils d'entretien spécifiques à chaque espèce de fleurs et chaque type de bouquet.
Une des particularités de ce guide, ce sont les magnifiques photos prises spécialement pour cet ouvrage. L'auteur composait ses bouquets Jürgen Stork photographiait la réalisation étape par étape.
Que vous trouviez de nombreuses satisfactions dans "l'art des bouquets", voilà ce que vous souhaitent l'auteur et l'éditeur de ce guide.

L'auteur
Wolfgang Koristka, jardinier, maître-fleuriste et collaborateur de la revue allemande de jardinage *Mein schöner Garten*, est l'auteur de nombreux articles dans des revues spécialisées. Il dispense des cours d'art floral dans les universités spécialisées et les expositions horticoles.

Bouquet classique pour jour de fête
Composé de lis, roses, giroflées, marguerites, gypsophile, feuilles de gaulthéria et asparagus (conseils pour la réalisation, voir photos page 36).

Savoir regarder les fleurs

Fleurs de toutes tailles et de toutes couleurs, branches d'arbustes fleuries, herbes, feuilles, en un mot tout ce qui verdit ou fleurit peut vous servir à réaliser de merveilleux bouquets. Mais aucune plante n'est semblable à une autre, chacune produit un effet différent selon les autres végétaux auxquels elle est associée. Apprendre à développer son regard est le premier pas vers la réalisation de bouquets admirés.

Quand on parle de fleurs, la plupart des gens pensent uniquement à la partie fleurie de celles-ci, alors que, pour l'élaboration d'un bouquet, je fais appel à tout ce qui a été coupé, que ce soient les fleurs ou le feuillage. C'est ce que le fleuriste désigne sous le terme de "fleur coupée".

Pourquoi les fleurs des champs sont-elles si belles ?

Une prairie en fleurs peut donner lieu à diverses expériences : de loin, les fleurs ont un éclat vif comme les touches de couleurs d'un tableau impressionniste et, dans la clarté matinale, la prairie a de frais reflets chatoyants. Vue de près, elle offre au regard toute la diversité de formes des végétaux qui la composent. Peu importe quand et comment on contemple les fleurs des champs : leur beauté fait l'unanimité. Cela tient au fait que fleurs et herbes se trouvent naturellement en harmonie, rassemblées de telle sorte que ni les unes ni les autres ne perdent l'effet qui leur est propre. Il est donc impératif de regarder la nature et d'apprendre à son contact, si l'on veut réussir de beaux bouquets.

La nature comme modèle

Observez attentivement, au milieu d'un champ ou d'une prairie, quelques espèces en particulier. Toutes les fleurs recherchent la lumière. Couchées par la tempête, elles montrent ce besoin de lumière : très vite, elles se redressent toutes. C'est une observation qui doit vous guider dans la composition de vos bouquets. Puisque vous travaillez avec des fleurs vivantes, vous devez en effet les agencer en tenant compte de leur croissance naturelle.

Les fleurs élancées (rose, œillet, marguerite, gerbera, zinnia, par exemple) sont à placer dans le bouquet comme si elles cherchaient à se diriger vers le soleil. Si l'une de ces fleurs penche la tête, faites tourner sa tige jusqu'à ce que la corolle soit orientée vers le milieu du bouquet. Il y a aussi un autre moyen : tiger la fleur (voir page 21), puis la courber selon sa tendance naturelle. Essayez pour commencer avec un gerbera ou un zinnia, dont la tête penche assez rapidement après la cueillette, car le poids de la fleur est trop important par rapport à la tige. La tête penchée, ces fleurs semblent défraîchies ; la tige soutenue et la corolle bien droite, elles retrouvent une nouvelle fraîcheur.

Les fleurs inclinées peuvent se diriger dans une direction unique (jonquille, perce-neige, sabot de Vénus, cyclamen) ou s'orienter dans plusieurs directions (lis, amaryllis, campanule, muguet, orchidée, freesia). Il faut laisser à ces fleurs leur tendance naturelle. Si la tige est droite, elles seront placées au milieu du bouquet, si elle est en arc ou retombante, on les utilisera sur le pourtour.

Les fleurs et leur effet

Dans la nature, vous pouvez observer une hiérarchie qui explique les différents effets que produisent les fleurs. Chacune possède une personnalité propre, avec un effet qui n'appartient qu'à elle. Si l'on connaît l'effet produit par chaque fleur, il devient aisé de trouver pour le bouquet un agencement naturel. Ceci est particulièrement important pour le style "bouquet naturel" (voir photo page 45) En matière de bouquets, on ne parlera pas de personnalité ou d'effet, mais de présence.

Fleurs à forte présence

Il y a des fleurs (le lis, par exemple) dont toute la beauté n'apparaît que contemplée isolément. Elles ont besoin de grands espaces, pour pouvoir régner et dominer.

Bouquet d'été rustique avec marguerites, calendula et herbes aromatiques diverses.

Elles se divisent en deux groupes : *Les fleurs dominantes* sont placées largement au-dessus de toutes les autres. Leur tête, surmontant généralement une haute hampe vigoureuse, se développe dans toutes les directions (amaryllis, par exemple). Ces fleurs seront toujours placées au milieu du bouquet, dépassant toutes les autres.
Les fleurs nobles, dont la tête surmonte également une haute hampe, ne se développent que dans une seule direction (narcisse, par exemple) ou pointent en flèche verticale (glaïeul). Entrent aussi dans cette catégorie les panicules fleuries (orchidées, par exemple), qui cependant n'atteignent un fort degré de présence que présentées isolément. A l'intérieur du bouquet, ces fleurs cherchent également à dominer, mais elles peuvent être subordonnées à des fleurs ou des herbes dominantes -pour peu que celles-ci soient placées à distance convenable. Si vous n'employez pas de fleurs à présence plus forte, traitez les fleurs nobles comme les fleurs dominantes.

Fleurs à présence moyenne

Le groupe suivant, dans la hiérarchie, se compose des fleurs qui, même parmi d'autres, ne perdent pas leur beauté.
Les fleurs d'assemblage peuvent être mêlées aux fleurs de tous les autres groupes. A l'intérieur du bouquet, elles ne doivent naturellement pas dépasser les fleurs dominantes, mais au contraire servir, dans la partie médiane, de transition entre les fleurs à forte présence et les fleurs à faible présence.

Les fleurs d'apparat ont une tête particulièrement développée et exubérante (pivoine, par exemple). Pour obtenir le meilleur effet, je vous conseille de ne pas introduire dans un bouquet plus d'une espèce de cette catégorie et de bannir les bouquets composés uniquement de fleurs d'apparat.

Fleurs à faible présence
Elles ont une floraison massive ; on range dans cette catégorie toutes les fleurs de plate-bande et toutes celles qui produisent de nombreuses petites fleurs.
Elles seront placées dans la partie inférieure du bouquet -autrement dit la base- en touffes serrées. Appartiennent également à ce groupe le perce-neige, la primevère, le muguet et la violette, employés isolément. Utilisées en grande quantité, ces espèces doivent être travaillées comme les fleurs nobles. Vous savez maintenant quelles fleurs placer dans les différentes parties du bouquet, conformément à leur effet intrinsèque. Pour certains bouquets, il convient de tenir compte du degré de présence de chaque fleur : les informations complémentaires vous sont indiquées page 31.

Les fleurs et leur mouvement

Les paragraphes précédents ont cherché à sensibiliser votre regard à l'effet des fleurs les unes par rapport aux autres. Adoptons maintenant une autre perspective. Observez une plante ou une fleur uniquement du point de vue de sa forme. Le fleuriste parle de mouvement : vous devez apprendre à le distinguer si vous désirez composer des bouquets classiques (voir pages 36 et 38) ou d'autres sortes de bouquets. On distingue 6 mouvements actifs et 2 mouvements passifs. A la forme de chaque fleur correspond un de ces mouvements, que vous pouvez combiner entre eux à votre guise.
Mon conseil : si vous voulez obtenir un bouquet équilibré, je vous conseille de choisir au moins deux sortes de fleurs : une à mouvement actif et une à mouvement passif. Ces proportions peuvent être augmentées. Pour le bouquet rond, par exemple, il faut trois sortes de mouvements : élancé à tête ronde, focalisant et arrondi, ce dernier mouvement étant utilisé pour la finition du pourtour (par exemple avec des feuilles ou des fougères).

Fleurs à forte présence	**Fleurs dominantes** acanthe, agapanthe, amaryllis, érémurus, euphorbe superbe, lis, papyrus, tournesol	**Fleurs nobles** ail géant, ancolie, anthurium, delphinium, glaïeul, liatris, massette, narcisse, orchidée, rose à grosse fleur, strelitzia
Fleurs à présence moyenne	**Fleurs d'assemblage** anémone, gentiane d'automne, giroflée, œillet, rose thé, rudbeckia	**Fleurs d'apparat** clématite, chrysanthème, dalhia, hortensia, lilas, pivoine, phlox, véronique
Fleurs à faible présence	**Floraison massive** ageratum, alchémille, hosta, marguerite, œillet d'Inde, souci	**Fleurs isolées** muguet, perce-neige, primevère, violette

Importance du mouvement dans le bouquet

Au moment de la composition, vous vous demandez quelle place, dans le bouquet, revient à telle ou telle fleur. Vous pouvez, en première approche, partager le bouquet en trois niveaux :
• au niveau supérieur, vous placez les fleurs élancées et les fleurs élancées épanouies ;
• au niveau intermédiaire viennent les fleurs élancées à tête ronde et les fleurs de mouvement arrondi ;
• au niveau inférieur, à la base du bouquet, vous terminez avec des mouvements focalisants et retombants ;
• les mouvements légers ou cassants trouvent place indifféremment au niveau supérieur ou au niveau intermédiaire.
A la base, on emploie ces mouvements de préférence en touffes, comme on peut le faire avec le gypsophile, par exemple.
Pas de règle sans exception : si vous suivez strictement ces indications, vous obtiendrez un bouquet trop rigide. Il faut "imbriquer" légèrement les niveaux : la forme sera plus aérée.

Mouvements actifs
(dirigés vers le haut et sur le côté)

1 *Elancé*
Photo : giroflée.
Egalement : aconit, glaïeul, liatris, molène, pied d'alouette, rose trémière.

2 *Elancé, épanoui*
Photo : lis.
Egalement : agapanthe, amaryllis, lilas, narcisse, strelitzia.

3 *Elancé à tête ronde*
Photo : rose.
Egalement : bleuet, gerbera, œillet des fleuristes, tulipe, zinnia.

4 *Arrondi*
Photo : freesia.
Egalement : anthurium, fougère, chêne argenté, œillet de poète, giroflée, orchidée, asparagus.

5 *Léger*
Photo : gypsophile.
Egalement : Monte-Casino, noisetier, fleurs de porcelaine.

6 *Cassant*
Photo : branche de cerisier.
Egalement : cornouiller, hamamélis, pommier, prunus.

Mouvements passifs
(dirigés vers le bas)

7 *Focalisant, convergeant*
Photo : souci.
Egalement : achillée, alchémille, bergénia, chrysanthème, conifère, dahlia, matricaire, orpin, fleur d'ail, rudbeckia, statice.

8 *Retombant*
Photo : lierre.
Egalement : amarante, jasmin d'intérieur, saule pleureur, vigne vierge.

Vue d'ensemble sur les différents aspects et ports des fleurs (voir texte explicatif ci-dessus).

Les couleurs

De tout temps, l'œil humain a été sensible à la couleur des fleurs. Reprenons l'exemple de la prairie en fleurs et supposons que vous vous promeniez au bord de cette prairie. Soudain, votre attention est attirée par une fleur bien particulière : la couleur est la cause principale de cette attirance et non pas la forme ou le mode de croissance du végétal.

Fleurs et couleurs

Nous percevons le plus grand nombre de fleurs grâce à leur couleur. En effet, les couleurs déclenchent des émotions et suscitent des associations : pour beaucoup, le rouge est agressif, le jaune est une couleur chaude et le bleu une couleur froide. Il n'est donc pas étonnant que l'homme ait attribué aux végétaux une valeur symbolique : le lis blanc est symbole de pureté depuis le Moyen-Age et le sens symbolique de la rose rouge s'est transmis jusqu'à nos jours.

Bouquets et couleurs

Pour composer vos bouquets, vous serez naturellement avantagé si vous avez le sens des couleurs. Mais si vous n'êtes pas sûr de vous, soyez sans crainte : vous pouvez apprendre facilement quelles sont les couleurs qui s'harmonisent entre elles.

Les couleurs et leur effet

Par ses couleurs contrastées ou en harmonie, le bouquet s'anime de façon particulière. De forts contrastes produisent une tension et ont un effet stimulant ; l'harmonie des teintes donnent des bouquets qui dégagent une sensation de vie et de fraîcheur ; les combinaisons en camaïeu distillent calme et sérénité. Avant de composer votre bouquet, il convient donc de réfléchir à l'effet qu'il doit produire -et cela dépend souvent de l'occasion (anniversaire, mariage, naissance, par exemple). Mais ne négligez pas non plus cet autre élément : l'harmonie de couleurs entre le bouquet et l'endroit où il sera placé. Choisissez des couleurs qui s'intègrent dans le cadre choisi.

Le vert, une couleur "neutre"

Il n'existe pas de fleurs à corolle réellement verte : les tiges, les feuilles et les accessoires apportent du vert dans le bouquet. Le vert est donc généralement considéré comme une couleur "neutre" et non comme une couleur à part entière. Dans certaines conditions -par exemple lorsqu'on entoure seulement quelques fleurs rouges de beaucoup de verdure- on peut créer un bouquet contrasté où le vert apparaît cette fois comme couleur complémentaire.
Mais à l'inverse, on peut jouer de la verdure comme élément d'harmonisation, lorsque le vert -par exemple à l'automne- se nuance de rouge ou de jaune et se mêle au rouge ou au jaune des fleurs (marguerites de la Saint-Michel). Un autre exemple : l'association des branches bleu-vert d'eucalyptus à des iris et des immortelles bleues de couleurs avoisinantes confèrent un effet d'harmonie.

Le blanc, une "non-couleur"

Sur le spectre disposé en cercle à la page 12, vous remarquerez que le blanc n'apparaît pas. Il est considéré comme une absence de toute couleur. Pourtant, il existe des fleurs blanches, et naturellement on les emploie dans des compositions florales. Vous pouvez les intégrer dans n'importe quel bouquet, sans craindre d'en altérer la tonalité. Veillez seulement à ce que ces fleurs blanches n'aient pas un cœur jaune (comme les marguerites), qui peut détruire l'ensemble.
Dans le cas de bouquets blancs, on joue avec les nuances. Vous avez certainement déjà observé que les fleurs blanches des arbres se déclinent dans des teintes variées. Il faut donc rechercher des fleurs auxquelles se mêle un soupçon d'autres couleurs. Ce sont elles qui confèrent à un bouquet blanc son attrait particulier (voir photo page 5).

Bouquets contrastés

Il s'agit de mettre en œuvre de forts contrastes de couleurs.
Quelles sont les couleurs qui s'opposent ? Les couleurs opposées se trouvent très exactement en face l'une de l'autre dans le spectre circulaire de la page 12.
Ces couleurs sont aussi dénommées couleurs complémentaires et forment des contrastes : rouge/vert (qui correspond dans notre échelle de sensibilité à l'opposition actif/passif), orange/turquoise (opposition chaud/froid) ou encore jaune/violet (clair/obscur). En jouant avec le cercle des couleurs, vous pouvez établir de nouvelles paires de contrastes.
Pour quel effet ? Ce type de bouquet crée une tension et produit un effet stimulant.
Bien dosées, les couleurs complémentaires s'intensifient mutuellement. Regardez une

◁ *Bouquet estival, un cadeau original pour vos amis. Composé d'herbes folles et de fleurs d'été multicolores.*

violette, par exemple : au creux des pétales sombres, le jaune des étamines saute véritablement aux yeux. Sur fond clair, il serait à peine visible, alors que le contraste clair/foncé rend le jaune deux fois plus lumineux.
Mon conseil : quand vous composez un bouquet avec des fleurs de couleurs complémentaires, veillez à ce que la masse de chacune des deux couleurs soit inégale. C'est seulement ainsi que vous les ferez "chanter". Avec une répartition égale des couleurs, l'œil est trop sollicité et cela donne l'impression que le bouquet "danse".
Pour quel emploi ? C'est avant tout dans les bouquets linéaires (voir photo page 47) que l'on joue avec ces forts contrastes de couleurs.

Bouquets en harmonie
Ne les confondez pas avec les bouquets en camaïeu (voir page13).
Quelles sont les couleurs en harmonie ? Ce sont celles qui, dans le spectre disposé en cercle (voir photo ci-dessous), se trouvent l'une à côté de l'autre. Vous pouvez commencer par n'importe quelle couleur et tourner dans n'importe quel sens. Peu importe combien vous en assemblez, elles sont toujours en harmonie. A la limite, on pourrait faire entrer dans cette catégorie un bouquet composé avec toutes les couleurs du spectre. Mais il faut savoir que plus il y a de couleurs, plus la sélection et l'agencement des fleurs et des couleurs sont difficiles.

Le spectre des couleurs - réalisé à partir de feuilles et de fleurs fraîches.

Mon conseil : les débutants se simplifieront la tâche en ne prenant pas plus de trois couleurs à la fois.
Pour quel effet ? Les bouquets en harmonie ont un aspect vivant et dégagent une sensation de fraîcheur. Ne perdez pas de vue, toutefois, que les couleurs chaudes et claires (jaune, rouge) dispensent la gaieté, alors que les couleurs froides et sombres (bleu, violet) sont plutôt tristes.
Pour quel emploi ? Avec ces couleurs vivantes, vous composerez surtout des bouquets naturels (voir photo page 45) et toutes les sortes de bouquets aérés (comme le bouquet en goutte, voir photo page 39).
Mon conseil : vous pouvez composer des bouquets en harmonie avec une seule sorte de fleur, si elle offre tous les coloris que vous désirez. Avec les zinnias, les dahlias, les roses et les asters, on trouve la gamme de coloris la plus large. Mais vous pouvez tout aussi bien choisir des fleurs différentes, par exemple des narcisses jaunes, des tulipes jaune d'or, des soucis orange, des fougères vert tendre, du feuillage vert-jaune et vert franc.

Bouquets en camaïeu

Ces bouquets très harmonieux ne sont pas toujours faciles à réaliser.
Quelles sont les couleurs en camaïeu ? Vous ne trouverez pas ces combinaisons sur le spectre présenté selon un cercle. Mais partez d'une couleur et imaginez-la plus ou moins éclaircie par du blanc ou foncée par du noir : vous aurez toute la palette des camaïeux de ce coloris. Vous pouvez décliner des camaïeux à partir de n'importe quelle teinte du spectre.
Pour quel effet ? Ces bouquets "accordés" sont très harmonieux. Ils expriment le calme et dégagent un effet de noblesse et d'élégance (voir photo en page de titre).
Pour quel emploi ? C'est avant tout pour les occasions un peu solennelles que j'aime employer ces combinaisons en camaïeu. Elles servent à composer des bouquets ronds (voir pages 35 et 37) ou des bouquets à reliefs (voir photo page 49), mais conviennent également très bien pour des bouquets en cascade (voir photo page 55).

Bouquets multicolores

L'assemblage de leurs couleurs ne se fait pas arbitrairement, mais repose sur l'association harmonieuse de trois ou quatre des couleurs du spectre.
Exemples de combinaisons à trois couleurs
• jaune (freesia), pourpre (iris), bleu outremer (statices) ;
• jaune (narcisses), rouge (tulipes), bleu (anémones) ;
•orange (soucis), bleu outremer (statices), bleu turquoise (rubans) ;
•orange (soucis), violet (iris), vert (feuillage).
Exemples de combinaisons à quatre couleurs
•jaune d'or (roses), pourpre (giroflées), bleu outremer (statices), vert tendre (feuillage) ;
•orange (soucis), rouge (tulipes), bleu (anémones), vert (feuillage) ;
•violet (liatris), bleu (anémones), jaune (trolles), orange (roses) ;
•bleu turquoise (rubans), jaune (trolles), orange (soucis), bleu outremer (statices).
Pour quel effet ? Ces associations expriment la joie et la vivacité.
Pour quel emploi ? De telles combinaisons de couleurs se prêtent à tous les événements joyeux.
J'utilise les combinaisons multicolores dans les bouquets aérés (voir photo page 39) et dans les bouquets boule (voir photo page 41).

Mon conseil : plus vous choisirez des couleurs éloignées sur le spectre, plus votre bouquet sera contrasté. Plus les couleurs seront rapprochées, plus le bouquet sera harmonieux.

Textures et reliefs

Etudier la présence, le mouvement et la couleur d'une fleur ne suffit pas toujours à saisir tout ce qui se dégage d'elle. Les divers aspects de surface, les textures, les reliefs -aussi bien de la fleur que de ses feuilles- ont aussi une grande importance, dont il faut tenir compte dans la composition.
Observez des fleurs de près : l'effet optique produit par leurs surfaces est très varié, nous faisant penser à du cuir, de la soie, du velours ou même du métal.
C'est un élément de composition, avec lequel vous pourrez jouer pour les bouquets à reliefs (voir photos page 48) ou pour les bouquets linéaires (voir photos page 46). Dans ces bouquets, on obtient encore davantage de tension en utilisant des textures qui s'opposent. Par contre, si vous voulez composer un bouquet harmonieux et serein, veillez à employer des textures similaires.

Eléments non végétaux

On peut, si on le désire, introduire dans un bouquet des matériaux non végétaux, tels que plumes, laine, étoffe, fil métallique doré ou argenté, fil de cuivre, rubans, miroirs, branches d'arbres peintes de diverses couleurs, etc. Ces éléments peuvent apporter une touche de charme supplémentaire qui mérite au moins un essai. Personnellement, j'aime bien introduire, dans les bouquets à reliefs, un fil de métal orné de plumes (voir photo page 55).

Différentes structures et différents reliefs (voir explications ci-dessous).

Les diverses textures et leur aspect

1 - *Aspect métallique*
Photo : feuille d'anthurium (lisse, rigide, solide, brillante).
Egalement : fleur de l'anthurium et des broméliacées.

2 - *Aspect de cuir*
Photo : feuille de bergénia (lisse, d'un brillant mat).
Egalement : laurier-cerise et de nombreuses variétés de feuillages.

3 - *Aspect de porcelaine*
Photo : bégonia (élégant, fragile, aspect ciré).
Egalement : iris, jacinthe, narcisse, œillet, rose, tulipe.

4 - *Aspect vitreux*
Photo : campanule (cassant, transparent).
Egalement : pied-d'alouette, scabieuse.

5 - *Aspect soyeux*
Photo : pois de senteur (délicat, transparent, odorant).
Egalement : crocus, delphinium, mauve.

6 - *Aspect velouté*
Photo : feuille de saintpaulia (molle, velue, duveteuse, pelucheuse).
Egalement : alchémille, giroflée jaune, muflier, pulsatille, chatons de saule.

7 - *Aspect rustique*
Photo : pomme de pin (épaisse, rugueuse, grossière, ligneuse).
Egalement : aster, chrysanthème, fleurs séchées.

Exemples de textures contrastées
- soyeux (crocus, pois de senteur) - velouté (chatons de saule) ;
- velouté (vrilles de columnea) - métallique (fleur d'anthurium) ;
- porcelaine (muguet, tulipe) - rustique (fleurs séchées, pommes de pin).

Exemples de textures en harmonie
- rustique (achillée, aster) - velouté (giroflée jaune, muflier) ;
- soyeux (delphinium) - vitreux (campanule, scabieuse) ;
- vous obtiendrez aussi une harmonie en melangeant plusieurs fleurs de même texture (jacinthe et muguet, par exemple).

Entretenir les fleurs coupées

Quel que soit le bouquet à réaliser, petit bouquet tout simple ou bouquet des grandes occasions, il ne suffit pas de choisir les fleurs qui conviennent, de forme et de couleur adaptées à l'effet recherché, il est utile aussi de savoir quels soins apporter aux fleurs et au feuillage avant la réalisation du bouquet. Car vous désirez, et c'est parfaitement légitime, que votre bouquet tienne le plus longtemps possible.

Fleurs du jardin

Au printemps et en été, nous avons dans nos jardins un large choix de fleurs et de feuillages, qui peuvent servir à composer des bouquets variés. Le tableau en fin d'ouvrage vous indique les périodes de floraison de nombreuses variétés courantes dans nos jardins et des repères pour la composition de vos bouquets.

Les végétaux qui fanent trop vite

Ce sont, entre autres, l'ancolie, le capillaire, le crocus, l'églantine, le lupin, le pavot, le perce-neige, toutes les plantes aquatiques, ainsi que les branchages en fleurs déjà épanouies.

Vous pouvez utiliser ces végétaux, bien sûr, mais en sachant qu'ils se faneront en l'espace de deux ou trois jours.

Fleurs sauvages

Les fleurs qui poussent à l'état naturel dans les prés, les champs, les bois ou les talus peuvent vous servir aussi dans la composition de vos bouquets. N'oubliez pas cependant que beaucoup d'espèces sont protégées et leur cueillette interdite. Si vous aimez les bouquets de fleurs sauvages, je vous conseille vivement de consulter, avant d'aller les récolter, un des ouvrages de référence (voir la bibliographie page 63), qui vous informera sur les espèces protégées.

Autre chose, qui me tient à cœur : évitez de piétiner des prairies entières. Les fleurs au bord du chemin sont aussi belles que celles qui poussent au beau milieu du pré.

Le bon moment pour les cueillir

Cueillez vos fleurs de jardin tôt le matin, en fin d'après-midi ou le soir. Sous le soleil de midi, les fleurs coupées se fanent très vite et vous aurez de la peine à leur faire reprendre vigueur. Sectionner la tige inflige à la fleur coupée un stress, car toute coupure équivaut pour elle à une blessure. En outre l'apport de liquide à l'intérieur de la plante est alors interrompu. Il est donc très important de choisir la bonne heure de la journée, pour que la plante ne s'abîme pas entre le moment où on la cueille et l'instant où on la met dans l'eau.

Mon conseil : si vous devez cueillir une grande quantité de fleurs, placez à l'ombre un seau à demi rempli d'eau, vous pourrez ainsi, au fur et à mesure, donner aux fleurs fraîchement cueillies l'eau dont elles ont besoin, et elles attendront sans risque de faner.

Le bon geste pour les cueillir

Les outils : utilisez un couteau bien tranchant ou un sécateur de bonne qualité qui coupe les tiges sans les écraser (pour cet achat, prenez conseil auprès d'un vendeur qualifié).

La fleur : ne prenez pas les fleurs très ouvertes, à plus forte raison si elles perdent déjà leurs pétales au moment de la cueillette. Préférez les boutons légèrement entrouverts, qui permettent de voir la couleur de la fleur. Quant aux boutons non éclos, ils ne s'ouvriront généralement pas une fois coupés.

Insectes nuisibles : si vous en avez dans votre jardin (pucerons, cochenilles, mouche blanche, par exemple), ne mettez pas dans vos bouquets les fleurs qu'ils auraient attaquées. Vous pouvez essayer de débarrasser vos fleurs de ces insectes en les pulvérisant avec de l'eau, mais ne les traitez surtout pas avec un insecticide juste avant de faire votre bouquet !

Risques de blessures : mettez des gants de jardin pour couper les roses. Veillez aussi à ce que votre peau ne soit pas en contact avec le liquide que secrètent certaines plantes, susceptible de provoquer des irritations. Si vous êtes particulièrement sensible, le port de gants s'impose.

Acheter des fleurs

C'est grâce aux jardiniers et à leurs serres, mais également grâce à l'importation de fleurs des pays lointains que le choix proposé satisfait tous les désirs.
Où les acheter ? Vous trouverez plantes fleuries et feuillage sur les marchés, chez les fleuristes ou dans les jardineries. Vous y trouverez également, ainsi que dans les magasins de bricolage, tous les accessoires nécessaires à la réalisation des bouquets (voir page 20). En règle générale, vous pouvez vous procurer sans difficulté tout ce dont vous avez besoin pour votre bouquet, le feuillage aussi bien que les fleurs. Il est exceptionnel qu'un fleuriste n'accepte de vous vendre du feuillage que dans un bouquet complet.
Mon conseil : si vous voulez réaliser vous-même votre propre idée de bouquet, dressez de préférence une liste d'achats à partir du schéma de la page 30, ou notez les plantes indiquées dans les descriptions de bouquets (voir de la page 34 à la page 55).

Détails importants pour un bon achat

Les fleurs sont chères, et le bouquet que vous aurez réalisé vous-même, avec beaucoup d'amour, doit tenir longtemps.
Une boutique de fleurs bien tenue se reconnaît à la propreté des vases et autres récipients. A la façon dont les fleurs sont présentées, vous voyez si le fleuriste soigne sa marchandise. Des fleurs fanées ou entassées n'importe comment ne sont pas un bon signe. Un bon fleuriste vous dira également s'il a utilisé des produits de conservation, car vous devrez alors ajouter les mêmes produits dans votre vase (voir page 20).
Il n'y a pratiquement aucune différence de conservation entre les fleurs achetées et les fleurs cueillies au jardin -à condition bien sûr que les fleurs du fleuriste soient fraîches.

Comment reconnaître les fleurs fraîches ?

Grâce à quelques points de repère, vous pourrez juger vous-même si les fleurs sont fraîches, de sorte que -avec des soins appropriés une fois le bouquet réalisé- elles tiennent le plus longtemps possible.
Des fleurs fraîches ont :
- un feuillage qui se tient, qui n'est pas fané ;
- des tiges propres, qui ne doivent pas être gluantes. Si les tiges ont été nettoyées parce que les fleurs étaient trop avancées, cela se remarque tout de suite : la peau ou l'écorce est entamée par les coups de brosse. Seule exception : les roses. Il peut manquer de petits morceaux de peau ou d'écorce parce qu'il a fallu ôter les épines.

La corolle elle-même est également un indicateur de la fraîcheur des fleurs.
Les boutons de roses, d'œillets ou d'arbustes en fleurs doivent être légèrement entrouverts, de manière que l'on puisse juste apercevoir la couleur. N'achetez jamais de roses en boutons très fermés, ils ne s'ouvriront jamais.
Pour les plantes à bulbes et à oignons, par exemple tulipes, narcisses, iris, glaïeuls, pivoines, lis, freezia, amaryllis, il faut également pouvoir discerner la couleur.
Les composées doivent être complètement ouvertes. Faites alors particulièrement attention au "cœur" de la fleur. Achetez des gerberas si les étamines jaunes du centre -du "cœur"- ne présentent pas plus de deux à trois anneaux. Quand presque toutes les étamines sont ouvertes, la floraison est trop avancée. Si au contraire elles sont toutes fermées, si le "cœur" est encore vert ou brun, le gerbera est encore trop "jeune" pour être utilisé en bouquet -il ne tiendra pas longtemps. Les gerberas tigés ne sont pas forcément des fleurs trop avancées.
- Le contrôle du "cœur" décrit pour les gerberas peut être effectué pour toutes les composées, en particulier pour les chrysanthèmes à petites fleurs, les marguerites, les œillets d'Inde, les zinnias et les asters.
- La fraîcheur des chrysanthèmes à grosse tête se teste en exerçant une légère pression sur la fleur, par en haut. Une résistance est un signe de fraîcheur. Des fleurs encore trop en bouton ne se développent généralement pas correctement.
- Les fougères tiendront longtemps si les spores sont visibles sur le dessous des feuilles (on dirait de petites taches brunes). Mais ce n'est malheureusement pas toujours le cas : il est indispensable de faire attention à la couleur de la fronde qui doit être d'un vert franc.
- Tous les feuillages doivent être également d'un vert franc, et ne pas présenter de taches brunes,

Un bouquet surélévé.
Composé de gerberas blancs, de plusieurs sortes d'asparagus, de plumes et de lis tigés (maintien des tiges, voir photo page 21), et travaillés en mouvement retombant.

Superbe bouquet boule "viennois" -un cadeau apprécié pour un jour de fête.

noirâtres, jaunes ou blanchâtres, ni de parties fanées.

• Le gypsophile et les plantes présentant le même aspect doivent être entièrement ouverts au moment de l'achat.

Comment les transporter ?

Les fleurs du jardin : si le jardin est attenant à la maison, portez les fleurs cueillies à l'intérieur sans attendre et mettez-les dans l'eau. Même si vous les avez mises dans un seau d'eau au fur et à mesure de la cueillette, ne les laissez pas dehors trop longtemps.

Si le jardin est éloigné de la maison, il faut envelopper les fleurs bien serrées dans un papier résistant, qui ralentit l'évaporation et atténue le flétrissement.

De cette façon, les fleurs peuvent supporter sans dommage un temps de transport de plusieurs heures.

Les fleurs achetées ont besoin d'eau aussi vite que possible.

• En été, évitez de les acheter aux heures de forte chaleur.

Si toutefois vous ne pouvez faire autrement, veillez à ce qu'elles soient bien enveloppées, mais surtout pas dans du papier journal qui absorberait l'humidité qui se dégage des fleurs. Pour un long trajet, il est possible d'entourer les tiges d'un papier humide.

• En hiver, au contraire, le papier journal est tout indiqué, de préférence en plusieurs épaisseurs. Veillez à ce que les tiges aussi soient protégées.

Les soins et la préparation

Après l'achat il faut, pour que les bouquets durent longtemps, apporter aux fleurs des soins appropriés.

De bons outils
Pour bien soigner vos fleurs coupées, il vous faut un matériel restreint, mais de grande qualité. De mauvais outils, ou des outils mal choisis, peuvent diminuer la longévité des fleurs. Voici ce qu'il vous faut :
Un couteau, qui doit être très tranchant, avec une lame polie, pas trop longue mais bien résistante, pour obtenir une coupe propre et nette (voir coupe d'une tige ci-contre).
Un bon sécateur, qui coupe net. Beaucoup de sécateurs écrasent les tiges et sont à déconseiller.
Un marteau, pour les tiges ligneuses ou dures. J'utilise de préférence un marteau de caoutchouc, mais vous pouvez aussi utiliser un marteau normal pas trop lourd.
Une épingle à tête de couleur (cela permet de la retrouver rapidement quand elle tombe par terre), pour scarifier les tiges.
Du papier collant transparent pour entourer l'extrémité des tiges. Vous avez en effet certainement remarqué que beaucoup de fleurs, une fois dans le vase, raccourcissent de jour en jour : dans l'eau, la tige éclate et s'enroule sur elle-même. On peut éviter ce phénomène -pour les amaryllis, par exemple- en entourant son extrémité avec du papier collant.

Oter les épines et les feuilles superflues
Toute verdure que l'on met dans un vase entame un processus de pourrissement. L'eau devient

Effeuillage.

trouble, s'appauvrit en oxygène et les fleurs ne sont plus alimentées.
Oter les feuilles : pour diminuer cette dégradation, il faut enlever toutes les parties -aussi bien fleurs que feuillages-, qui seront dans l'eau quand le bouquet sera terminé. Pensez à éliminer aussi les lambeaux de peau ou d'écorce qui se sont détachés des tiges. Vous pouvez opérer à la main ou avec le plat du couteau, mais pas avec la lame qui peut abîmer la plante.
Mon conseil : pour le lilas, il est préférable d'ôter toutes les feuilles ; pour les roses, vous pouvez laisser une ou deux tiges avec les feuilles. Traitées ainsi, ces fleurs conservent leur beauté plus longtemps.
Oter les épines : si les tiges portent des piquants ou des épines, il faut au moins en casser les pointes pour les rendre inoffensives. Je vous recommande vivement de les enlever entièrement (surtout les épines de roses et celles des asparagus), vous aurez moins de risques de vous blesser en faisant le bouquet. Passez le plat du couteau de bas en haut tout autour de la tige. Il vous suffit de dégager la tige

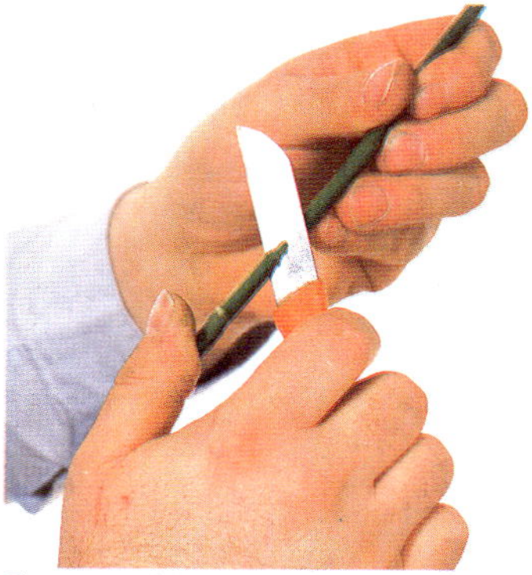
Comment biseauter.

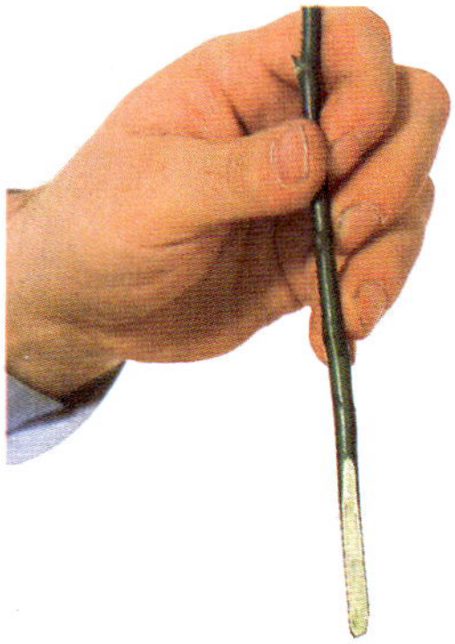
Tige correctement biseautée.

jusqu'à la hauteur du lien qui entourera le bouquet.

Couper les tiges
Après avoir nettoyé la partie inférieure des tiges, vous couperez celles-ci. A chaque tige, fleur ou feuillage, vous devez faire cette coupe en biseau très allongé, avec un couteau bien tranchant, pour que la surface d'absorption de l'eau soit la plus grande possible. N'employez jamais de ciseaux ; ils ne peuvent remplacer la coupe nette d'un couteau bien tranchant. S'il reste des lambeaux de peau

ou d'écorce, il faut les enlever soigneusement.
Mon conseil : mettez les fleurs dans un récipient contenant de l'eau aussitôt après avoir coupé la tige, vous éviterez ainsi que la surface entaillée ne se dessèche et que la plante ne puisse plus absorber l'eau.

Précautions à prendre en coupant certaines tiges

De nombreuses fleurs coupées requièrent certains soins supplémentaires :

- fleurs à tiges ligneuses (chrysanthème ou lilas par exemple) : tapez légèrement la tige, en évitant toutefois d'en faire sortir la moelle.
- fleurs à tiges herbeuses (giroflée, tournesol, rose trémière, entre autres) : fendez la tige sur une longueur de 3 à 5 cm.
- fleurs à tiges molles : scarifiez la tige (cyclamen et rose de Noël uniquement).
- fleurs à tige secrétant une substance laiteuse : plongez les tiges quelques secondes dans l'eau chaude, pour bloquer le suc (capillaire, pavot, toutes les variétés d'euphorbe).
- fleurs à tige secrétant une substance visqueuse (narcisse, par exemple) : mettez-les dans l'eau séparément une heure ou deux, jusqu'à ce que cesse l'écoulement et ne les recoupez plus ! S'il s'avère indispensable de raccourcir les tiges le bouquet achevé, n'oubliez pas d'ajouter à l'eau du vase un produit de conservation pour fleurs, qui neutralisera ce suc visqueux si dangereux pour les autres fleurs et vous permettra de les mettre en composition avec d'autres espèces.
- fleurs à tige velue : plongez la tige dix secondes dans de l'eau bouillante ; les poils sont détruits et ne risquent plus de se décomposer dans l'eau du vase (de nombreuses fleurs d'été, telles que zinnia, tournesol).

Rafraîchir des fleurs fanées

Après le transport ou la préparation, des fleurs fraîches, cueillies ou achetées, peuvent avoir la tête qui penche. Voici différentes méthodes pour leur donner une nouvelle fraîcheur :
Les plonger dans l'eau bouillante : au moment du transport, de l'air a pu s'infiltrer dans les vaisseaux, gênant l'absorption de l'eau.
Le "truc" pour éliminer l'air repose sur le fait que l'eau bouillante fixe l'oxygène plus rapidement que l'eau froide. En plongeant les tiges tout d'abord dans de l'eau bouillante -environ 10 à 20 secondes- on fait donc sortir des tiges l'oxygène (l'air) qui y était enfermé. Après cela, vous pouvez mettre les fleurs dans de l'eau à température ambiante (surtout pas dans l'eau froide !).
Les envelopper et les mettre dans l'eau : le flétrissement naturel peut être accentué par la chaleur ou de mauvaises conditions de transport (voir page 18).
Un "truc" utile pour les tulipes ou les roses fanées : après avoir coupé les tiges, enveloppez-les dans du papier en serrant bien, et immergez les fleurs le plus profondément possible dans cet emballage, fermé en haut. Ceci redonne de la raideur aux tiges, qui reprennent leur aspect originel. Avec les tulipes, toutefois, cette méthode n'est valable que si les tiges sont encore bien droites. On ne peut ramener à leur forme première des tulipes qui se sont "épanouies" dans un vase en se déformant.
Mon conseil : vous retarderez d'autant plus le flétrissement naturel de vos fleurs en recoupant régulièrement leur tige.

Produits de conservation

Les solutions fertilisantes, que vous trouverez chez le fleuriste, améliorent la qualité de l'eau et apportent aux fleurs coupées des éléments nutritifs supplémentaires. Je vous recommande de plonger les fleurs ou feuillages dans ce type de solution tout de suite après les avoir coupés. Respectez scrupuleusement le mode d'emploi inscrit sur le paquet, car un surdosage entraîne exactement l'inverse de l'effet recherché: les fleurs se fanent plus vite parce que les tiges se vident de leur suc.
Chez le fleuriste, vous trouverez différents produits :

- pour les fleurs à tige creuse (œillet, gerbera).
- pour les fleurs à tige raide (rose, lilas).
- pour les fleurs de printemps (tulipe, narcisse).

Mon conseil : après avoir préparé les fleurs, laissez-les dans l'eau 2 à 3 heures avant de faire le bouquet, elles retrouveront leur pleine fraîcheur.

Accessoires et techniques

Avant de passer à la confection des bouquets, il est utile de faire l'acquisition de quelques accessoires et de se familiariser avec leur emploi.

Le fil métallique

Pour vos bouquets, il vous faut deux sortes de fil métallique : du fil de fer simple et du fil plastifié vert. Vous les trouverez l'un comme l'autre dans les magasins ou les grandes surfaces de bricolage, dans les quincailleries ou chez les fleuristes. Ils existent en différentes grosseurs et différentes longueurs.

Vous choisirez la grosseur en fonction de celle des tiges ou des feuilles que vous voulez préparer. Avec un petit stock de fil métallique de 0,7, de 0,9 et de 1 mm, vous serez déjà bien équipé. Pour la longueur, choisissez du 35 ou du 45 cm ; en cas de besoin, vous pourrez facilement les raccourcir avec une pince coupante. Pour des feuillages légers, il vous faudra du fil plus fin. Le plus fin de tous est le "cheveu d'ange", qui existe en doré, argenté et en différentes couleurs. Il est utilisé surtout pour la décoration (par exemple pour faire des bouquets de plantes aromatiques).

Tiger des fleurs à tige creuse
C'est une technique utilisée lorsque la tige d'une fleur est trop fragile pour supporter une corolle lourde ou imposante, lorsqu'on veut faire prendre à une fleur une courbure précise ou, au contraire, créer une ligne élancée à partir d'une fleur qui n'est pas droite. Vous utiliserez le fil plastifié vert. Son épaisseur est fonction de l'épaisseur de la tige. En règle générale, les gerberas sont toujours tigés. Cette technique est applicable à toutes les fleurs à tige creuse.

Comment procéder ? Enfoncer le fil par en haut, en ayant pris soin de l'épointer et en piquant au centre de la corolle. Le pousser avec précaution jusqu'à ce qu'il ne soit plus visible, en veillant toutefois à ce que le bout opposé reste dans la corolle.
Mon conseil : vous y arriverez aisément si, tout en le poussant, vous roulez le fil métallique entre le pouce et l'index, pendant que vous faites glisser l'autre main le long de la tige pour suivre sa progression.

1

2

3

4

Tiger des feuilles
C'est à cela que les fleuristes emploient le plus de fil métallique ; ce procédé permet en effet, au moment de la composition du bouquet, d'incliner les feuilles dans n'importe quelle direction. On peut utiliser le fil plastifié ou du fil encore plus fin, sachant que le choix est cette fois fonction de l'épaisseur de la nervure centrale de la feuille. Le fil doit être sensiblement plus fin que cette dernière : on peut alors le piquer sans qu'il soit visible sur le dessous de la feuille (voir les photos ci-contre).

Comment procéder
1 - Faire passer le fil métallique jusqu'à son milieu au dos de la feuille, dans la nervure centrale, mais au-dessus de l'attache de la tige, sinon on ne peut plus incliner la feuille.
2 - Recourber les deux bouts du fil vers la tige, le long de la nervure centrale.
3 - Enrouler l'un des deux brins autour de la tige, puis autour de l'autre brin.
4 - Donner la forme voulue en recourbant la feuille avec précaution.

1

2

Façonner une tige artificielle
Grâce à cette technique, vous pouvez rallonger une tige à volonté ou en ajouter une à des plantes ou des branchages dont l'attache est très courte. Ce façonnage est utilisé avant tout pour les plantes qui n'ont pas besoin d'eau, comme les conifères (voir photos page 42), les chardons, les statices ou les matériaux comme les plumes, par exemple. On utilise le fil métallique non plastifié.
Mon conseil : pour éviter que ce fil non plastifié rouille dans l'eau du vase, entourez-le de ruban adhésif de fleuriste.

Comment procéder
1 - Rassembler les plantes en un petit bouquet et placer le fil à la base de celui-ci pour obtenir deux parties de longueurs inégales. Tenir les plantes et le fil entre le pouce et l'index.
2 - Recourber les deux longueurs du fil parallèlement à la tige.
3 - Enrouler la partie du fil la plus longue autour de la partie courte et des tiges.
4 - Entourer le tout (y compris la partie du fil formant tige) de ruban adhésif de fleuriste, en commençant par le haut.

3

4

Tiger des fleurs à tige pleine
Les fleurs à tige rigide seront soutenues de préférence par l'extérieur. Pour cela, on utilisera également le fil plastifié vert.
Comment s'y prendre ? Piquer l'extrémité du fil par en-dessous dans le calice, le plus près possible de la tige, puis l'enrouler autour de la tige. Veiller à bien dégager les feuilles des spires ainsi formées.
Mon conseil : faites attention, pendant que vous enroulez le fil, à ne pas vous blesser avec son extrémité pointue.

Comment masquer le fil métallique ?
Si vous voulez que le fil ne soit plus du tout visible, entourez-le, ainsi que la tige, avec du ruban adhésif de fleuriste. Vous trouverez plusieurs nuances (vert clair, vert foncé et marron) chez les fleuristes ou dans les magasins de bricolage. Comme précédemment, vous l'enroulerez de haut en bas, en veillant à ne pas faire de plis et à bien dégager les feuilles.

Le raphia
C'est le deuxième accessoire indispensable pour lier les bouquets. Vous pouvez le prendre naturel ou synthétique. Vous trouverez l'un comme l'autre chez les fleuristes, dans les magasins ou les grandes surfaces de bricolage, ou même dans les boutiques de fournitures pour travaux manuels. Il existe en nombreuses couleurs.

Des récipients pour vos bouquets

Vous pouvez prendre pour vos bouquets tout récipient qui vous convient. La photo de la page 24 montre la variété des possibilités.

Je me contenterai de vous faire quelques suggestions dictées par mon expérience de fleuriste.

• Pour prolonger la durée de vie d'un bouquet, il faut que le récipient puisse contenir suffisamment d'eau. Un bouquet important réclame plus d'eau qu'on ne le pense.

• Le récipient doit avoir une ouverture assez large pour que vous puissiez y introduire le bouquet sans écraser les tiges.

• Il faut pouvoir le nettoyer facilement, pour éviter au maximum les processus de décomposition de l'eau.

• Ce n'est pas le récipient que l'on doit mettre au premier plan, mais le bouquet. Les vases très colorés ou très ornementés risquent d'atténuer son effet. Il en va de même des vases à forme géométrique très marquée.

• Plus le recipient est simple, plus le bouquet sera mis en valeur. Personnellement, j'utilise souvent des cache-pot blancs, des vases ronds, des cruches, ou d'autres récipients de grandes dimensions, que je choisis aussi dépouillés que possible mais dans un matériau noble, comme la porcelaine ou la céramique artisanale.

• Les proportions idéales d'un bouquet, pour un fleuriste, sont : trois fois la hauteur du vase. Mais ce n'est qu'un point de repère ; un petit bouquet dans un grand vase peut avoir autant de charme qu'une gerbe gigantesque dans un vase minuscule.

Mon conseil : la forme, la couleur et les dimensions du récipient qui accueillera votre bouquet sont avant tout affaire de goût. Si néanmoins vous désirez quelques conseils, vous trouverez plus loin, dans les descriptions des différentes variétés de bouquets, des propositions de récipients adaptés à chaque cas.

Comment lier vos bouquets et en prendre soin ?

Pour que le bouquet, une fois composé, garde la forme que vous lui avez donnée, et pour assurer une bonne absorption de l'eau, il faut le lier puis raccourcir et entailler les tiges avant de le mettre dans le vase.

Comment lier le bouquet ?

• Passer le raphia trois ou quatre fois autour du bouquet, au-dessus de la main avec laquelle vous le tenez, puis faites un nœud.

• Le bouquet doit être lié suffisamment serré pour garder sa forme même en cas de transport.

• L'attache doit être aussi mince que possible.

Comment préparer les tiges ?

• Au niveau de l'attache et en-dessous de celle-ci, les tiges doivent être parfaitement propres, pour éviter des processus de décomposition dans l'eau (voir photos page 19). Si nécessaire, il faut les nettoyer avant de lier le bouquet.

• Recoupez toutes les tiges à la même longueur avec un sécateur. On laisse généralement sous l'attache une longueur de tige représentant le tiers de la hauteur totale du bouquet, mais elle peut être moins importante.

• Après les avoir raccourcies, retaillez les tiges une par une en biseau avec un couteau bien tranchant -ceci est très important pour que les fleurs restent fraîches.

L'eau

Dès le départ, au moment de la préparation des fleurs, mettez dans l'eau des produits de conservation (voir page 20). Il faut également en ajouter à l'eau du vase dans lequel vous placerez le bouquet achevé. Par la suite, vous ne changerez plus toute l'eau, vous compléterez le niveau si nécessaire avec de l'eau fraîche, toujours additionnée du produit de conservation.
Autre possibilité : si vous n'avez pas ajouté à l'eau un produit de conservation, vous pouvez remplir votre vase d'eau claire. Il faut alors recouper les tiges en biseau tous les deux jours et changer entièrement l'eau du vase.
Je vous conseille également de nettoyer le vase soigneusement à chaque fois que vous changez l'eau (bien le rincer si vous avez utilisé un produit à vaisselle).

Eliminer le calcaire

Certaines fleurs, les gerberas par exemple, tiennent plus longtemps si elles sont dans une eau non calcaire. Vous pouvez éliminer le calcaire de l'eau du robinet à l'aide d'un filtre spécial (que vous trouverez dans les magasins spécialisés d'articles ménagers), ou en versant dans le vase une goutte de vinaigre.

Quelques trucs pour que vos bouquets restent frais

• Choisissez fleurs et feuillages les plus frais possibles.

• Enlevez toutes les feuilles qui pourraient se décomposer dans l'eau par la suite.

• N'utilisez les plantes que lorsqu'elles se seront "reposées" de leur transport un certain temps après l'achat ou la cueillette (voir "Rafraîchir des fleurs", page 20).

• Ajoutez à l'eau du vase un produit de conservation.

• Si l'eau ne contient pas de produit de conservation, changez-la entièrement tous les deux jours et retaillez les tiges en biseau.

• Placez le bouquet au frais pendant la nuit.

Vases et accessoires pour la réalisation des bouquets : fil métallique (à gauche), raphia et sécateur (au milieu).

- N'exposez pas le bouquet en plein soleil.
- Evitez les courants d'air.
- En hiver, ne placez pas le bouquet au-dessus du radiateur.
- N'exposez pas le bouquet au froid (en-dessous de 4 °C).
- Eliminez au fur et à mesure les fleurs fanées.
- Vaporisez les feuilles -mais pas les fleurs- une fois par jour. Ceci est particulièrement important pour les roses.
- Ne placez jamais vos bouquets à proximité d'une coupe de fruits, car leur présence fait faner les fleurs plus vite.

Mon conseil : je fais sécher presque tous mes bouquets. Cela fait prendre aux fleurs des formes et des nuances intéressantes.

Faire sécher les bouquets

Les bouquets que vous voulez faire sécher doivent être encore frais. Il y a deux méthodes possibles :

- Fleurs tête en bas, on suspend le bouquet dans un endroit sombre et aéré, jusqu'à ce qu'il soit sec.
- L'autre méthode, celle que je préfère, consiste à laisser le bouquet dans le vase, sans eau, ou à le poser simplement sur une étagère. Il peut arriver, avec cette méthode, qu'une fleur ou l'autre penche la tête, mais c'est un risque que je prends volontiers car on obtient en fin de compte de surprenantes variations.

Mon conseil : le bouquet de conifères qui est décrit en page 42 donne d'excellents résultats après séchage.

Bouquets : technique et composition

Pour devenir rapidement maître en la matière, suivez attentivement les "cours d'initiation" décrits dans les pages qui suivent -vous prendrez certainement un grand plaisir. Les seuls frais d'inscription à acquitter sont un peu de temps et de patience, et le résultat n'a pas de prix puisqu'il s'agit d'offrir, à vous ou à vos amis, les merveilleux bouquets que vous aurez réalisés vous-même.

Initiation à la technique du bouquet

Faire un bouquet peut vite devenir une épreuve pour les nerfs : il n'est pas toujours facile de tenir le bouquet en main et une fois terminé, celui-ci peut s'affaisser dans tous les sens.
Voilà pourquoi les exercices avec des tiges de bambous, proposés en page 26, constituent une base essentielle, car vous ne pourrez réussir un bouquet tant que vous ne maîtriserez pas la façon de tenir et disposer les fleurs en spirale. Armez-vous de patience, investissez quelques francs dans l'achat des tiges de bambou et accordez-vous un peu de temps pour ce exercice à première vue peu passionnant. Et surtout, entraînez-vous à plusieurs reprises -moi non plus je n'y suis pas arrivé dès la première fois.

Quelques "trucs"

Conseil n°1 : restez debout, vous aurez une meilleure vue d'ensemble sur le bouquet -dans le cas présent, il ne s'agit que des tiges de bambou, mais pour simplifier je parlerai toujours de bouquet.
Conseil n°2 : prenez soin de toujours assembler les tiges en spirale, vous pourrez ainsi aisément orienter les fleurs comme vous le désirez. Il ne faut pas que les tiges se croisent, car vous aurez lié le bouquet avant de le placer dans le vase (voir page 23) et les fleurs risquent alors de ne pas pouvoir absorber l'eau correctement.
Conseil n°3 : posez à portée de main, sur une table, tout ce dont vous aurez besoin pour faire le bouquet. Rien n'est plus désagréable que de chercher un couteau ou un sécateur quand on a en main un bouquet presque terminé.
Conseil pour droitiers : les droitiers tiennent le bouquet dans la main gauche légèrement fermée (voir les photos de la page 26) et placent les fleurs de la main droite.
Attention : le mouvement est l'inverse de celui des aiguilles d'une montre !
Conseil pour gauchers : les gauchers tiennent le bouquet dans la main droite et placent les fleurs de la main gauche, dans le sens des aiguilles d'une montre.
Mon conseil : ne commencez pas à vous entraîner avec des fleurs avant de maîtriser parfaitement cette technique de base avec les tiges de bambou.

Initiation à la composition

Quand on regarde un bouquet terminé, on ne se rend pas compte qu'il n'est pas si facile de bien placer les fleurs. Bien entraîné à la technique de base, vous n'aurez certainement aucun mal à refaire les bouquets des pages 34 à 55.
Mais pour que vous ne soyez pas éternellement contraint à l'imitation, ce chapitre vous donne aussi des indications sur les bases de la composition d'un bouquet. Vous pourrez ainsi réaliser vous-même des bouquets originaux et vous pourrez choisir vos fleurs préférées.

La forme générale du bouquet

Chaque bouquet est unique : cela ne tient pas seulement au choix des fleurs, mais aussi à l'impression d'ensemble qui s'en dégage, plus précisément à la forme générale obtenue.
Regardez la forme des bouquets photographiés dans les pages 34 à 55. Vous constaterez que certains présentent un aspect général en demi-sphère (voir bouquet de gerberas, page 37). Cette demi-sphère peut être légèrement aplatie comme dans le bouquet boule (voir photo page 41), ou plus étirée vers le haut comme dans le bouquet de roses de la page de titre.
La demi-sphère est la forme de base du bouquet, car toutes les autres sortes de bouquets dérivent de ce schéma.

1

2

3

4

Entraînement à la technique du bouquet

Vous allez apprendre, étape par étape, comment placer les fleurs.

1 - Fermez votre main sans serrer, et mettez en place la première tige. Vous devez l'enserrer suffisamment pour qu'elle ne glisse pas.

2 - Glissez maintenant la deuxième tige entre la paume de votre main et la première tige, dans le sens inverse des aiguilles d'une montre.

3 - En plaçant les tiges suivantes, veillez à toujours glisser la nouvelle tige entre la paume de votre main et les tiges déjà en place, et non entre les tiges elles-mêmes, car alors elles se croisent au lieu de se placer en spirale. Quand vous placez les tiges de l'arrière, vous devez faire le tour du bouquet avec la main qui place et toujours glisser la nouvelle tige entre paume et tiges, dans le sens inverse des aiguilles d'une montre.

4 - Liez enfin les tiges, juste au-dessus de la main, aussi fermement que vous pouvez, avec une ligature la plus mince possible. Vous voyez sur la photo que les tiges ne se croisent pas, mais sont toutes disposées en spirale.

En "tirant" sur les fleurs du centre, par exemple, on obtient le bouquet "en goutte" (voir photo page 39). En "étirant" encore davantage la ou les fleurs centrales, on aboutit à la naissance de formes inhabituelles, comme le bouquet linéaire, dans lequel l'arrondi s'oppose à des fleurs centrales extrêmement surélevées.

La symétrie

Toutes les formes de bouquets évoquées jusqu'à présent sont symétriques. Mais si on pondère différemment l'un ou l'autre niveau d'un bouquet symétrique et si certaines fleurs ressortent non plus vers le haut, mais sur le côté, le bouquet devient asymétrique. Là aussi, il y a plusieurs variantes. Dans le bouquet naturel (voir photo page 45), le décalage latéral reste minime, tandis que l'asymétrie du bouquet en cascade et celle du bouquet à reliefs (voir pages 55 et 49) se remarquent nettement. Pour faire ces bouquets, il faut respecter un ordre précis dans la disposition des fleurs.

Bouquet somptueux, un régal des yeux pour tous ceux qui aiment les fleurs rouges. Composé de gerberas, roses, marguerites et gypsophile (conseils, voir photo page 34). ▷

1

2

3

L'agencement des fleurs

Les trois photos montrent l'agencement des fleurs par le dessus, pour mieux visualiser le "rapport triangulaire" à créer entre les fleurs. En outre, les photos vous permettent de suivre les explications données ci-contre pour la composition d'un bouquet rond symétrique, serré ou aéré.

1 - La fleur la plus élevée forme le centre du bouquet.

2 - Les trois fleurs suivantes sont placées à égale distance autour de la première. Si vous reliez ces trois fleurs par une ligne imaginaire, vous obtenez une forme de triangle équilatéral. Vous pouvez le vérifier sur la photo en posant trois bandes de papier. Des interstices se créent entre les fleurs.

3 - C'est dans ces interstices que vous placez les fleurs suivantes. Ainsi se forment un nouveau triangle et de nouveaux interstices, maintenant au nombre de six. En comblant ces interstices, puis les suivants, et ainsi de suite, vous obtenez finalement un bouquet rond et régulier. Vous procéderez exactement de la même manière pour étager des groupes de fleurs (voir principes de base pour un bouquet régulier aéré, page 29).

Règles essentielles d'agencement du bouquet

Au-delà de la méthode pour placer les fleurs, que vous pouvez suivre étape par étape sur les photos de la page 26, et à laquelle vous devez vous entraîner en tout premier lieu, l'agencement du bouquet joue lui aussi un rôle important. Je voudrais vous livrer les règles essentielles en prenant comme exemple la réalisation d'un bouquet serré.

Mon conseil : plus vous maîtriserez les techniques de base du bouquet et l'agencement des fleurs, plus vite vous arriverez à réaliser des bouquets élaborés, selon un modèle ou suivant vos propres idées. Encore une recommandation : armez-vous de patience, même le plus doué d'entre tous doit s'entraîner avant de réussir des bouquets parfaits.

Principes de base pour un bouquet régulier serré

Faites cet exercice avec des fleurs "simples" telles que gerberas, roses ou œillets.

• Commencez par la fleur qui sera la plus haut placée dans le bouquet : c'est elle qui constituera le "centre".

• Puis placez la fleur suivante légèrement plus bas (deuxième en hauteur). Disposez les deux fleurs suivantes de part et d'autre de la plus haute, de telle sorte qu'elles se trouvent un peu plus bas que la deuxième. N'oubliez pas que les tiges doivent toujours être placées en spirale.

• Avant de continuer, regardez ces quatre fleurs par le dessus : la deuxième, la troisième et la quatrième forment un triangle équilatéral, au centre duquel se trouve la fleur la plus haute (voir photo ci-contre). Placez les trois fleurs suivantes le long des côtés imaginaires du triangle, c'est-à-dire dans les interstices laissés entre les fleurs déjà en place.

- Vous obtenez ainsi de plus en plus d'interstices, que vous comblez les uns après les autres par d'autres fleurs ou du feuillage (voir photos page 28)
- La forme symétrique désirée est obtenue en plaçant les fleurs de chaque nouvelle rangée un peu plus bas, plus ou moins pour donner une forme en demi-sphère ou en goutte.
- De temps à autre, regardez le bouquet avec un peu de recul pour vérifier qu'il prend bien la forme que vous souhaitez lui donner. Corrigez le cas échéant en enfonçant ou en faisant ressortir certaines tiges.

Mon conseil : au début, ne soyez pas trop ambitieux. Le mieux est de commencer avec une seule sorte de fleur et avec une seule couleur (les fleurs qui se prêtent bien à ce genre d'exercice sont les gerberas, les œillets ou les roses). Ainsi vous n'avez à vous concentrer que sur la forme du bouquet et pas sur la combinaison des couleurs ou des différentes espèces. Vous pourrez ensuite prendre des couleurs variées, mais toujours une seule sorte de fleur, jusqu'au moment où vous saurez travailler avec différentes espèces et avec des couleurs variées.

Principes de base pour un bouquet régulier aéré

En disposant les fleurs à des hauteurs très différentes (échelonnées), la forme serrée s'aère et devient plus légère. Pour obtenir cette sorte de bouquet, il faut d'abord procéder selon le principe décrit précédemment. Vous obtiendrez l'allégement de la forme en travaillant non pas fleur par fleur, mais par groupes de plusieurs fleurs que vous étagerez entre elles. Trois roses placées à différentes hauteurs formeront ainsi un groupe, par exemple. Selon votre goût, vous comblerez tous les interstices avec des groupes étagés ou, pour changer, vous intercalerez de temps en temps une fleur isolée.

En échelonnant les fleurs, n'oubliez pas le principe qui veut que "la forme passe avant la couleur":

- dans un groupe étagé, les petites fleurs -ou les boutons- se placent en haut indépendamment de leur couleur, viennent ensuite les fleurs de taille moyenne, la plus grosse fleur -ou le plus gros bouton- est donc placée tout en bas ;
- si les fleurs sont toutes d'égale grosseur, mais de couleurs différentes, on place les couleurs claires en haut, les couleurs plus sombres en bas.

Règles à observer pour la composition

- Avant de commencer, déterminez le style de votre bouquet, vous trouverez, pages 34 à 55, des explications pour réaliser, étape par étape, onze bouquets de types différents. Si vous choisissez d'autres fleurs que celles proposées, faites attention aux détails suivants :
- pour le bouquet naturel (voir photo page 45), tenez compte avant tout du degré de présence des fleurs (voir pages 6 à 8) ;
- pour les bouquets classiques (voir pages 34 à 39), c'est le mouvement qui est important (voir pages 8 et 9) ;
- le bouquet à reliefs et le bouquet linéaire nécessitent, pour l'un, des structures et des reliefs en opposition (voir pages 13 et 14), pour l'autre des fleurs à formes géométriques, par exemple la "ligne droite", constituée par les liatris (voir le bouquet linéaire, page 47).

Mais pour ces bouquets il faut, en outre, tenir compte du mouvement des fleurs.

- Faites également le choix de la combinaison des couleurs (voir pages 11 à 13).
- Enfin et surtout si vous achetez des fleurs chères, dessinez d'abord sur un papier le schéma de votre bouquet. Les indications de la page 30 et le tableau très détaillé des pages 56 à 59 vous aideront.

Mon conseil : faites un pense-bête, cela évite d'acheter des choses inutiles. Et s'il vous reste quelques fleurs et du feuillage, ne les jetez pas, réalisez plutôt un mini-bouquet.

1

2

Comment faire le plan d'un bouquet ?

1 - Délimitez les contours à l'aide des formes élancées-
2 - épanouies.
Fixez la base du bouquet avec les symboles du mouvement
3 - arrondi.
Ajoutez maintenant au niveau intermédiaire, en les échelonnant, deux symboles
4 - du mouvement élancé.
Placez ensuite sur les côtés quatre formes élancées à tête
5 - ronde.
La touche finale est donnée par les symboles du mouvement focalisant.

3

4

5

Faire le schéma de vos bouquets

Ce titre n'annonce rien d'autre qu'un petit jeu qui vous aidera à tracer le schéma de vos bouquets. Tout ce qu'il vous faut, c'est une feuille de papier et un crayon, et connaître les symboles du mouvement des fleurs (voir page 9). Pour vous entraîner, commencez par reproduire l'exemple développé dans les photos ci-contre. Procédez par étapes et demandez-vous :

- quel genre de bouquet vous souhaitez réaliser ?
Dans notre exemple, il s'agit d'un bouquet classique ;
- quelle forme a le genre de bouquet choisi ?
Dans le bouquet classique, on peut avoir une forme ronde (voir photo page 37) ou une forme en goutte (voir photo page 39) avec, pour chaque forme, la variante serrée ou aérée. J'ai choisi une forme ronde aérée ;
- selon quel axe il s'ordonne ?
La plupart des bouquets sont symétriques, comme dans l'exemple choisi ;

• quelles sont les caractéristiques du bouquet ?
Pour le bouquet classique, vous avez besoin de trois mouvements différents. Dans notre exemple, j'en ai choisi cinq : élancé, élancé-épanoui, élancé à tête ronde, arrondi et focalisant.
A l'aide du schéma, vous pouvez aisément faire votre choix de fleurs. Chaque symbole représente une fleur. Il vous suffit, pour un bouquet plus important, de multiplier le nombre de symboles.
Et si, maintenant, vous transformez les symboles en fleurs, le bouquet peut se composer ainsi :

 4 lis (élancé-épanoui)

 4 branches de fougère (arrondi)

 4 delphiniums (élancé)

 4 roses (élancé à tête ronde)

 3 dahlias (focalisant)

Dans le tableau récapitulatif (pages 56 à 59) vous trouverez l'indication du mouvement des fleurs à couper les plus courantes ; vous pouvez ainsi facilement utiliser vos fleurs préférées et composer des bouquets étant bien équilibrés.
Mon conseil : si vous n'aimez pas dessiner, vous pouvez décalquer les symboles (voir photos de la page 30) sur un carton et les découper. Pour pouvoir réaliser tous les schémas, il vous faut : 6 symboles du mouvement “élancé”, 6 du mouvement “élancé-épanoui”, 6 “élancé à tête ronde”, 4 “arrondi”, 4 “focalisant”, 1 “léger”, 1 “cassant”. Vous vous servirez de ces deux dernières formes pour la composition d'un bouquet linéaire (voir photo page 47).

Réaliser les plus beaux bouquets

Faites-vous plaisir et donner du plaisir à vos amis en réalisant vos bouquets. Vous n'avez que l'embarras du choix, car la variété des fleurs proposées est immense et il y a des bouquets pour tous les goûts et pour toutes les occasions -depuis le petit bouquet tout simple jusqu'au somptueux bouquet de style, en passant par le bouquet boule si prisé.

Indications générales sur la description des bouquets

Dans ce chapitre, vous trouverez les exemples types des bouquets les plus flatteurs. Des séries de photos, avec des conseils simples, vous montrent la réalisation étape par étape et vous guident.
Les petites photos illustrent, étape par étape, les principales phases d'élaboration du bouquet.
Le texte d'accompagnement explicite la progression.
La grande photo montre le bouquet terminé, avec un vase adapté.

Les mots-clefs

Une courte introduction indique les principales caractéristiques du bouquet, ainsi que le terme sous lequel le désignent les fleuristes.
Les couleurs : ce paragraphe explique l'effet des couleurs employées et suggère d'autres combinaisons possibles.
Les fleurs : on vous indique ici le nombre de fleurs nécessaires et -sous forme de symboles- leur mouvement. (explication des symboles, voir page 32).
Les indications sur le mouvement vous aident en premier lieu à réaliser le bouquet-modèle, mais également à réussir sans problèmes le même type de bouquet avec les fleurs de votre choix (voir le tableau récapitulatif pages 56 à 59). Le nombre de fleurs est donné à titre indicatif, pour le bouquet-modèle, mais vous pouvez réduire ou augmenter la taille de ce bouquet.
Le feuillage : vous trouverez des indications sur le nombre et le mouvement des feuillages employés.
Le vase : conseils sur la forme ou le matériau du vase ou récipient qui convient le mieux au bouquet décrit.
Autres combinaisons possibles : vous trouverez là des propositions de fleurs et feuillages dont vous pouvez tirer le meilleur parti pour réaliser le même type de bouquet. Ces propositions sont conçues avant tout pour tous ceux qui n'osent pas encore réaliser le bouquet proposé avec des fleurs de leur choix.

Indications générales sur le tableau récapitulatif

Dans les pages 56 à 59, vous trouverez le tableau synoptique des fleurs et feuillages qui se prêtent particulièrement à la réalisation de bouquets. Les feuillages les plus couramment utilisés font l'objet d'une mention particulière. Pour les fleurs, indication du nom courant et du nom latin, de la période de floraison ou de vente, de la présence et du mouvement, pour vous aider à concrétiser vos idées de bouquets.
Le symbole ☠ signifie : plante toxique ;
le symbole ▼ signifie : plante secrétant des substances irritantes susceptible de déclencher des allergies cutanées.

Le mouvement - Explication des symboles

- Elancé
- Elancé-épanoui
- Elancé à tête ronde
- Arrondi
- Léger
- Cassant
- Focalisant, rassemblant
- Retombant

<u>Fleurs à couper et feuillage.</u> ▷
Voici les différentes variétés qui ont servi à la composition des bouquets photographiés dans cet ouvrage qui ont tous été réalisés par l'auteur.

Le bouquet simple

1

2

1 - En fermant votre main sans serrer, placez trois zinnias très légèrement décalés en hauteur.

2 - Continuez à placer dans votre main les autres zinnias, dont les tiges ne doivent pas se croiser. Comme pour les exercices d'entraînement à la technique du bouquet (voir photos pages 26), vous glissez les fleurs entre la paume de votre main et les tiges déjà en place. Comme la forme de ce bouquet est très simple et les différences de hauteur entre les fleurs peu importantes, vous pouvez vous concentrer uniquement sur la technique de la spirale.

3 - Pour alléger le bouquet, intercalez entre les zinnias des marguerites à petites fleurs. Procédez toujours comme en 2.

4 - Complétez le bouquet en ajoutant des sauges et le reste des zinnias et des marguerites. De temps en temps, vérifiez la forme de votre bouquet ; il doit être bien rond, sans grandes différences de hauteur entre les fleurs. Lorsque le bouquet est achevé, attachez-le avec du raphia, juste au-dessus de votre main, et coupez chaque tige en biseau.

3

4

Ce bouquet simple est un bon entraînement pour les débutants. Il permet d'acquérir la sûreté et l'habilité nécessaire pour réaliser les bouquets suivants, qui sont un peu plus difficiles. Soyez toujours attentif à la symétrie, ne décalez pas trop les fleurs en hauteur.

Les couleurs : toutes les combinaisons de couleurs sont possibles. J'ai choisi ici des couleurs voisines, du violet au pourpre, éclaircies par le blanc. Un léger contraste (avec le violet) est fourni par le cœur jaune des marguerites.

Les fleurs : vous pouvez réaliser ce bouquet avec une ou plusieurs sortes de fleurs. Le bouquet présenté a été fait avec :

 15 zinnias rouges et pourpres

 7 marguerites à petites fleurs

 15 sauges violettes

Le vase : les formes rondes sont les mieux adaptées à ce genre de petits bouquets délicats ; vous pouvez choisir également des récipients cylindriques ou en forme d'urne. Pour conservez l'ambiance, un vase de coloris violet peut être un bon choix.

Mon conseil : les zinnias (et toutes les fleurs de jardin velues) tiendront mieux si vous plongez les tiges de 10 à 15 secondes dans l'eau bouillante.

Autres combinaisons possibles :

- œillets avec asparagus et laurier-cerise ;
- dahlias ou autres fleurs de jardin avec feuillages, fougère ou herbes folles.

Le bouquet rond classique

1

2

3

4

1 - Prenez d'abord deux lis, placés à hauteurs différentes. Un peu plus bas que le lis le plus élevé, ajoutez un gerbera et une branche de ruscus. Au niveau inférieur du bouquet, placez un chrysanthème à petites fleurs et un souci.

2 - Répétez cette même étape plusieurs fois jusqu'à ce que vous ayez placé toutes les fleurs et le ruscus, mais en n'ajoutant les chrysanthèmes qu'une fois sur deux.
Veillez à ce que le bouquet prenne bien la forme d'une demi-sphère (voir photo ci-contre).

3 - Garnissez le pourtour avec des feuilles de gaultheria colorées.

4 - Terminez avec les feuilles de palmier, que vous placerez alternativement entre les feuilles de gaultheria. Enfin, attachez votre bouquet avec le raphia, toujours juste au-dessus de votre main, et coupez chaque tige en biseau.

Ce bouquet rond fait partie des bouquets "classiques". Sa forme est serrée, presque sphérique. C'est un bouquet symétrique.
Les couleurs : pour souligner la forme paisible du bouquet, j'ai choisi des couleurs voisines qui s'harmonisent bien entre elles, c'est-à-dire du jaune, du jaune d'or, de l'orange et du rouge.
Les fleurs : il vous faut des fleurs d'apparat, à l'individualité marquée.

- 10 lis orange
- 15 gerberas jaunes
- 10 soucis orange
- 5 chrysanthèmes jaunes à petites fleurs

Le feuillage : c'est lui qui maintient le bouquet en place dans le vase.

- 9 feuilles de palmier
- 6 branches de gaultheria colorées, rouges
- 9 branches de ruscus.

Le vase : soit un simple cache-pot blanc (voir photo ci-contre), soit une cruche de céramique brune, ou encore un pot en terre cuite brute, vernissé à l'intérieur.
Mon conseil : ne remplissez le vase qu'au tiers de sa hauteur avec de l'eau non calcaire, et changez-la tous les trois jours en recoupant les tiges en biseau.
Autres combinaisons possibles :
• dans les mêmes coloris -du jaune au rouge : tritoma accompagnés de zinnia et de dahlia ; pour le feuillage : laurier-cerise et spirée.
• dans les tons de bleu : iris et scabieuses, ageratum et statices bleus ; pour le feuillage : eucalyptus et feuilles de hosta.

Le bouquet en goutte

1

2

3

1 - Commencez avec un lis qui formera le point culminant du bouquet. Dans la partie inférieure, garnissez avec des solidasters.

2 - A même hauteur que le lis, ajoutez une tige de prêle. De part et d'autre, vous placerez des chrysanthèmes à petites fleurs et des asters pour combler les interstices.

3 - Pour obtenir une belle forme en goutte, il vous faut étager davantage les fleurs du niveau supérieur que celles du niveau inférieur. N'oubliez pas, tout en assemblant lis, asters, prêle et chrysanthèmes -toujours en spirale-, de vérifier de temps en temps la forme générale du bouquet.

4 - Piquez les branches de ruscus dans la partie inférieure du bouquet, entre les tiges des fleurs, et terminez en plaçant alternativement les feuilles de gaultheria et de fougère, que vous travaillerez pour obtenir un mouvement arrondi. Attachez le bouquet avec du raphia, juste au-dessus de votre main, et coupez chaque tige en biseau.

4

Ce bouquet en forme de goutte est aussi un bouquet classique, d'une grande élégance. Il dégage un effet de calme et de discrétion. En général, c'est un bouquet symétrique.

Les couleurs : pour souligner l'effet de calme du bouquet, j'ai choisi les tons des fleurs en camaïeu. Le vert foncé du feuillage fait ressortir ces couleurs délicates.

Les fleurs :

- 10 lis de couleur crème
- 10 chrysanthèmes blancs à petites fleurs
- 7 solidasters jaunes

Le feuillage :

- 7 tiges de prêle
- 7 branches de ruscus
- 6 branches de gaultheria
- 7 branches de fougère

Le vase : il ne doit pas être trop petit, les fleurs nombreuses ont besoin de beaucoup plus d'eau qu'on ne l'imagine. Le choix devient donc très vaste ; tous les récipients cylindriques, ovales, ou en forme d'urne, sont particulièrement bien adaptés à ce type de bouquet.

Autres combinaisons possibles :

- dans les tons de rose -delphinium, petites roses, statices roses, accompagnés de feuillages et d'herbes avec toutes les nuances de vert.
- en blanc - ixias, roses, chrysanthèmes, marguerites, feuillage et herbes folles.

Le bouquet boule

1

2

1 - Assemblez plusieurs petits bouquets composés chacun d'une marguerite, d'un brunia, d'un freesia, d'une statice et de feuillage d'eucalyptus teinté en bleu, auquel vous ajouterez une tige de Leptospermum. Placez les fleurs en serrant les corolles.

2 - Disposez les fleurs qui restent régulièrement sur tout le pourtour, en piquant les tiges dans les interstices formés entre les tiges déjà en place. De temps à autre, prenez du recul pour vérifier si les fleurs sont régulièrement réparties et si le bouquet prend la forme de boule que vous souhaitez lui donner. Corrigez, si nécessaire, en enfonçant un peu plus certaines tiges ou en faisant ressortir certaines fleurs.

3 - Vous mettrez la touche finale au bouquet boule en lui confectionnant sa "colerette", qui est faite ici d'eucalyptus teinté. Mais vous pouvez aussi terminer avec la colerette classique en papier dentelle. Attachez le bouquet avec du raphia.

3

Tout bouquet rond très serré, petit ou imposant, porte le nom de bouquet boule. En dépit de sa forme strictement symétrique et sphérique, on le trouve charmant et léger quand il est composé de fleurs délicates et de petite taille. Composé de roses, d'œillets et de statices comme le bouquet boule "viennois" de la page 18, il prend un aspect plus solennel. Avec ce type de bouquet, on peut jouer presque à l'infini sur le choix des fleurs et la taille du bouquet. Vous ferez tout autant plaisir en offrant un gracieux petit bouquet boule qu'avec l'imposant "bouquet de Noël" des pages suivantes.

Mon conseil : sélectionnez pour ces bouquets boule des fleurs de forme ronde -celles que j'ai appelées "élancées à tête ronde" et "focalisantes"- et de grosseurs différentes. La forme générale du bouquet n'en sera que plus intéressante.

Les couleurs : vous pouvez aussi bien jouer sur les camaïeux que décliner l'harmonie de couleurs avoisinantes.
Les fleurs : les corolles doivent être très serrées, il vous faut une grande quantité de fleurs. Dans le bouquet photographié ici, il y a :

10 marguerites blanches

10 brunias teintés en bleu

10 freesias violets

5 statices violets. Utiliser aussi les ramifications, placées en fonction de leur longueur

2 bottes (de 5 tiges) de Leptospermum. Utiliser aussi les ramifications, placées en fonction de leur longueur

Le feuillage :

les ramifications des marguerites pour étoffer le bouquet

15 branches d'eucalyptus teinté en bleu

Le vase : tous les récipients bas et ventrus, ou bien un simple cache-pot.
Autres combinaisons possibles :
• au printemps : pâquerette, myosotis, primevère, et feuilles rondes de bergénia ;
• à l'automne : aster, fruit de l'églantier, grande marguerite, et feuilles de diverses couleurs.

Le bouquet de conifères
(ou bouquet de Noël)

1

2

3

4

1 - Autour d'un bouquet de protéacées, disposez une touffe de chaque variété de conifère : thuya vert-bleu, thuya vert-jaune, if et buis.

2 - Complétez ce "bouquet vert" en disposant vos 25 à 35 touffes de manière à obtenir un bouquet boule dans lequel les différents verts sont répartis régulièrement. Liez le tout solidement avec du fil de fer.

3 - Piquez les roses par le dessus, en les répartissant le plus régulièrement possible.

4 - Répartissez également les statices, les brunias et les immortelles, en les piquant de même dans le bouquet. Terminez avec quelques branches de conifères travaillées en arrondi sur le pourtour, pour former la "colerette". Faites une nouvelle ligature autour du bouquet, cette fois avec du raphia, puis raccourcissez les tiges et coupez-les en biseau.

Le bouquet de conifères, de forme sphérique et bien serré, est une variante du bouquet boule. Il fera un centre de table particulièrement décoratif qui tiendra longtemps.

Mon conseil : ce bouquet sera encore plus durable si vous le faites sécher. Si vous avez fait la première ligature avec du fil de fer, vous pourrez remplacer au fur et à mesure les fleurs fraîches qui auront fané, jusqu'à ce que le "bouquet vert" ait séché. A ce moment-là, vous laisserez simplement les dernières fleurs fraîches sécher dans le bouquet. Comme tous les bouquets séchés, il faudra alors le déplacer avec précaution pour éviter qu'il ne perde toutes ses aiguilles comme un sapin de Noël desséché.

La couleur : dans ce bouquet, ce sont les tons de vert qui dominent. Vous pouvez le réaliser dans un vert uniforme ou -comme ici- avec différentes nuances.

J'ai associé vert-bleu et vert-jaune pour obtenir un effet plus coloré. Les fleurs de couleur crème ou rose apportent des petites touches décoratives qui allègent l'ensemble.

Les plantes : vous avez besoin d'environ cinq à sept bouquets de chaque sorte de conifère, d'une longueur de 8 à 10 cm environ.

Pour chaque bouquet, prenez de deux à cinq pousses que vous assemblerez en leur façonnant une tige (voir photos page 22).

Dans le bouquet photographié ci-contre, il y a :

5 à 7 bouquets de thuya vert-bleu et vert-jaune

- 5 à 7 bouquets d'if
- 5 à 7 bouquets de buis
- 5 à 7 bouquets de protéacées
- 10 roses de couleur crème (débarassées de leurs feuilles et de leurs épines)
- 1 botte de statices de couleur rose
- 10 brunias de couleur rose
- 15 petites immortelles de couleur rose, avec leur tige ou tigées artificiellement

Le vase : j'ai placé ce bouquet d'allure très rustique dans un pot de grès (pot à saindoux, voir photo ci-dessus). Vous pouvez aussi choisir un pot en terre cuite, pas trop haut et à large col, ou un simple cache-pot en terre cuite.

Autres combinaisons possibles :

• Pour le "bouquet vert", vous pouvez utiliser des conifères d'un vert bleuté uniforme ou décliné dans diverses nuances. Il est possible de les associés à des pommes de pin dorées, des roses jaunes et des fruits bruns d'helipterum.

• Si vous réalisez le "bouquet vert" dans des tons de vert-jaune (uni ou nuancé), complétez avec des anémones violettes, de petites boules de verre bleues et de petites roses doubles rouges.

Le bouquet naturel

1

2

3

1 - Prenez d'abord trois mufliers, que vous disposez à des hauteurs différentes. Pour faire tenir ces premières tiges, placez à leur base une fleur de sedum.
2 - Placez maintenant les herbes élancées, autour des mufliers. Disposez sur le devant du bouquet, un peu au-dessus de la fleur de sedum, deux branches de statices et une reine-marguerite .
3 - Ajoutez à chaque muflier, à des hauteurs différentes, un groupe composé de trois roses et trois fleurs de verveine. A l'arrière du bouquet -et à sa base-, placez deux reines-marguerites, des branches de statices et des fleurs de sedum.
4 - Sur le côté droit du bouquet, disposez à des hauteurs différentes quelques reines-marguerites, des roses, des sauges, des herbes à mouvement arrondi et retombant, et des fleurs de sedum.
5 - Ordonnez le reste des fleurs et des herbes sur le côté gauche du bouquet. La forme sera parfaite si toutes les fleurs sont à des hauteurs différentes.

4

5

Attachez votre bouquet et coupez les tiges en biseau.

Les fleuristes disent de ce bouquet qu'il a "l'air d'avoir poussé tout seul": pour cette raison, ils l'appellent bouquet naturel. La présence de chaque fleur joue un rôle très important pour la composition. Les fleurs seront très étagées. Le côté gauche sera décalé pour l'asymétrie.
Les couleurs : le bouquet proposé se décline en une palette ton sur ton, allant du mauve tendre jusqu'au blanc, pour l'harmonie.
Les fleurs :

- 7 mufliers blancs
- 10 à 15 sauges violettes
- 8 à 10 roses pâles
- 5 branches de statices blancs
- 7 fleurs de verveine violette
- 4 reines-marguerites mauves
- 4 fleurs de sedum

Le feuillage :

- 20 herbes folles (élancées et retombantes)

Le vase : en accord avec les couleurs tendres des fleurs vous choisirez un vase transparent et ventru ou un récipient en terre cuite.
Autres combinaisons possibles :
• un bouquet des champs, composé de coquelicots, bleuets, marguerites, avec feuillages divers et herbes folles.
• un bouquet estival, composé de delphiniums, zinnias, dahlias, avec feuilles et herbes folles.

Le bouquet linéaire

1

2

3

1 - Dessinez une "ligne" en dégradé à l'aide de quatre liatris.
2 - En bas de cette "ligne fleurie", ajoutez deux brunias décalés selon la hauteur et piquez de part et d'autre, à la base, les pousses latérales de brunias que vous aurez tigées.
3 - Placez ensuite les statices violets, en les serrant afin que les fleurs forment une surface presque ininterrompue.
4 - Disposez maintenant les trois branches d'eucalyptus teinté en bleu, à l'arrière du bouquet et sur le côté, avec un mouvement d'arrondi. Piquez les deux branches de bruyère entre les liatris et les brunias et enserrez la base du bouquet avec les feuilles de lierre. N'oubliez pas que toutes les tiges doivent toujours être disposées en spirale.
5 - Pour terminer, vous garnirez avec les feuilles de cordyline, que vous aurez travaillées en mouvement arrondi, les feuillages de carex et d'asparagus plumosus. Attachez le tout avec du raphia, et coupez chaque tige en biseau.

4

5

Cette composition est dite "linéaire". Les fleurs sont considérées avant tout par leur aspect géométrique. L'asymétrie est caractéristique de ce bouquet.
Couleur et reliefs : les contrastes soulignent l'effet graphique. Ici, l'accent est mis sur les oppositions de couleurs clair-foncé, comme violet-blanc, auxquelles s'ajoutent le bleu et le vert. Les reliefs opposent effet duveteux et effet de porcelaine (voir photo page 14).
Les fleurs :

- 4 liatris violets,
- 2 brunias blancs ; retirer les pousses latérales et les tiger
- 1 botte (5 branches) de statices violets
- 2 branches de bruyère

Le feuillage : les lignes sont données par:

- 10 tiges de carex
- 3 branches d'eucalyptus teinté en bleu
- 5 feuilles ensiformes de cordyline
- 5 branches d'asparagus plumosus
- 6 grandes feuilles de lierre (pour la forme)

Le vase : il doit avoir une forme géométrique ; sphérique, cylindrique ou triangulaire.
Autres combinaisons possibles :
• en vert et rouge : amaryllis, brunia, œillet, avec des feuilles, des herbes folles ou de la mousse.
• en bleu et jaune : iris, statices bleus, freesia jaunes, chrysanthèmes jaunes à la base, avec des feuilles de hosta de la fougère et des herbes folles.

Le bouquet à reliefs

1

2

3

4

1 - Entourez deux giroflées, que vous aurez décalées en hauteur, de six œillets également échelonnés.
2 - Glissez alors une branche d'asparagus qui dépasse largement au-dessus du bouquet. Dans les interstices créés entre les tiges en place, répartissez, en serrant bien et avec de très légers décalages en hauteur, le reste des œillets, les anémones, les brunias, les statices et les branches de *Leptospermum*. On doit obtenir une forme presque aussi serrée que celle du bouquet boule.
3 - Formez, avec les feuilles de gaultheria rouges, tigées et assemblées les unes sur les autres comme des écailles, deux grandes "feuilles" que vous ferez dépasser de part et d'autre du bouquet. Entre les plages rouges constituées par ces feuilles, intercalez les feuilles vertes et le reste des branches d'asparagus rose. Attachez le bouquet avec du raphia et coupez chaque tige en biseau.
4 - Pour ajouter une note particulière : enroulez les petites ramifications d'asparagus autour de quelques fils de cuivre que vous aurez fait passer au-dessus du bouquet (voir photo ci-contre).

Les contrastes de surfaces des éléments de ce bouquet (voir reliefs et structures, page 14) créent une tension qui le rend particulièrement vivant.
On l'appelle bouquet à reliefs. Il ressemble au bouquet boule, sans être aussi compact ni symétrique.

Les couleurs : de trop grands contrastes de couleurs détourneraient le regard de l'essentiel, c'est-à-dire les oppositions de reliefs. Ici, on a seulement joué sur le contraste rouge-vert des feuilles, le reste du bouquet étant traité en camaïeu.
Les reliefs : dans ce bouquet, ils sont particulièrement importants.
Les fleurs :
↑ 3 giroflées roses (aspect soyeux)

15 œillets rose tendre (aspect de porcelaine)

10 anémones rouges (aspect soyeux)

2 bottes de statices roses (aspect duveteux)

5 branches de Leptospermum

10 petits brunias teintés en rose (aspect duveteux)

Le feuillage :

5 longues branches d'asparagus (asparagus setaceus), teinté en rose (aspect duveteux)

5 branches de gaultheria, feuilles tigées (voir photos page 21) et teintées en rouge (aspect de cuir)

5 branches de gaultheria, feuilles vertes (aspect de cuir)

Le vase : vous pouvez choisir un vase de terre cuite vernissée, blanc de préférence, ou tout vase de forme ronde ou cylindrique, pas trop haut et à large col. Selon son aspect -lisse ou rugueux- vous obtiendrez harmonie ou contraste.

Autres combinaisons possibles :

- jacinthes blanches, bruyère des neiges, brunia, feuilles de bergénia, chrysanthèmes, anémones et feuilles de gaultheria ; vous pouvez garnir de carex et de brins de laine.
- chrysanthèmes blanc-jaune, renoncules jaunes, gaultheria, lierre et capillaire ; garnir de fil de fer doré et de plumes jaunes.

Le bouquet parallèle

1

2

3

4

5

1 - Avant de commencer le bouquet proprement dit, préparez des petits "paquets", formés de tiges droites de différentes longueurs, que vous liez avec de la ficelle beige assez mince. Attachez parallèlement une tige de liatris à chaque paquet.

2 - Assemblez plusieurs paquets de tiges de longueurs différentes, chacun avec sa tige de liatris et ajoutez à la base des branches de Leptospermum.

3 - Après avoir mis en botte toutes les fleurs et les paquets de tiges, coupez toutes les tiges à la même longueur.

4 - Tenez le bouquet à la verticale, tapez-le légèrement sur la table jusqu'à ce que toutes les tiges soient sur le même plan.

5 - Posez le bouquet dans une coupe et glissez délicatement les branches d'asparagus dans la ligature. La plus longue doit retomber en diagonale sur le bord opposé de la coupe, les autres s'inclinent sur le côté du bouquet.

A l'inverse de tous les bouquets réalisés jusqu'alors, les tiges, ici, ne sont pas placées en spirale, mais en parallèle, de telle sorte que le bouquet puisse tenir dans une coupe à fond plat.

Les couleurs : le bouquet présenté a été réalisé en camaïeu, mais d'autres combinaisons de couleurs sont possibles.

Les fleurs :

 5 liatris

 2 tiges de *Leptospermum*

 4 branches d'asparagus setaceus, teinté en rose

Le feuillage : les tiges qui forment les petits "paquets" doivent être bien droites. D'autre part, la ligature est un élément bien visible de la composition, on prendra non pas du raphia vert, mais de la ficelle beige.

Le récipient : de préférence une coupe plate, qui laissera voir la ligature. La forme de la coupe n'a pas d'importance, il suffit que vous puissiez mettre dans le récipient environ 2 cm d'eau.

Mon conseil : stabilisez le bouquet avec quelques pierres ou quelques branches judicieusement placées dans la coupe.

Autres combinaisons possibles :

- des bottes composées d'iris, herbes folles et roseaux, auxquelles on ajoutera une ou deux branches d'aulne.
- tiges d'acanthe et rudbeckia, fleurs de brunia et deux ou trois feuilles travaillées en arrondi pour la base.

Le bouquet à poser

1

2

3

1 - Placez trois branches d'arbre minces dans votre main légèrement entrouverte ; réglez la hauteur pour que, par la suite, le point d'attache du bouquet (au-dessus de votre main) se situe environ à la moitié ou au tiers supérieur des branches (voir grande photo). Veillez particulièrement à la disposition des tiges en spirale, car c'est elle qui constituera la base sur laquelle reposera le bouquet.

2 - Ajoutez quatre autres branchages et, sur un côté, deux branches de lilas décalées en hauteur. De l'autre côté, vous placerez deux branches d'asparagus.

3 - A la base du bouquet, disposez deux brunia décalés en hauteur, ajoutez encore 4 à 6 branchages, puis attachez le bouquet et coupez le bas des tiges de façon très égale, pour que le bouquet puisse tenir en étant simplement posé.

4 - Recoupez le haut des branches en biseau à l'aide d'un sécateur.

5 - Reliez les branches entre elles par un fil de cuivre fin, sur lequel vous aurez enfilé des feuilles.

4

5

Ce bouquet assez particulier, appelé "bouquet à poser", est un bouquet symétrique. Le lilas est équilibré par l'asparagus et les brunias dans le bas du bouquet, dans le haut par les feuilles attachées au fil de cuivre. J'aime donner à ces compositions des dimensions imposantes (1 m à 1,50 m) et les placer directement sur le sol, pour animer le décor d'une pièce.

La couleur : vous pouvez utiliser toutes les couleurs à votre gré, en harmonie ou en contraste. Accordez les teintes des végétaux avec celle de la coupe. La couleur des feuilles dépend de celle des branches.

Les fleurs : dans ce genre de bouquet, il faut employer les fleurs avec parcimonie.

2 branches de lilas

2 branches d' Asparagus setaceus

2 brunias

Le feuillage :

15 branches d'arbre de votre choix, minces

10 feuilles de votre choix, attachées au fil de cuivre et environ 3 m de fil de cuivre.

Le récipient : une coupe large à fond plat et bords légèrement relevés, pour pouvoir placer le bouquet dans 1 à 2 cm d'eau.

Autres combinaisons possibles :

• la combinaison de base (branches d'arbre) peut aussi être complétée par des branches d'euphorbe ou des freesias et des feuilles à motifs ou de différentes couleurs.

Le bouquet en cascade

1

2

1 - Prenez pour commencer une longue tige d'asparagus, une anémone et une branche de jasmin.

2 - Les fleurs les plus longues sont placées horizontalement, avec un léger mouvement pleureur, pour obtenir l'effet de cascade recherché. Le côté qui vous fait face sera plat et aéré.

3 - Echelonnez les anémones en les inclinant -avec précaution- à l'horizontale, posez par-dessus les marguerites et les brunias, en intercalant branches d'asparagus, de mahonia et feuilles de capillaire.

4 - Piquez maintenant des fils de fer de différentes longueurs, garnis de plumes, de telle sorte qu'ils retombent par-dessus le feuillage et les fleurs à longues tiges, tout en étant retenus au niveau de la ligature. Maintenant, vous pouvez placer les freesias en arrondi dans le haut du bouquet.

3

4

Attachez le bouquet et coupez chaque tige en biseau.

Avec ses volutes et ses formes alanguies, ce bouquet élégant et fragile évoque le style 1900. Vue de profil, la forme semble être asymétrique. Si on le regarde de face, par contre, il donne une impression de symétrie.
La couleur : pour ce genre, je préfère l'harmonie, comme ici avec différentes nuances de blanc

et de vert. Mais vous pouvez partir aussi d'une autre couleur.

Les fleurs : toutes blanches

- 10 freesias
- 10 anémones
- 7 marguerites
- 10 brunias

Le feuillage : il faut beaucoup de feuillage en volutes et de grandes feuilles recourbées, dans différents tons de vert. Prenez par exemple :

- 15 branches d'asparagus, (très longues et de longueur moyenne)
- 12 tiges de capillaire
- 1 pot de jasmin d'intérieur, dont vous couperez environ 5 branches. (Soyez sans crainte, elles repousseront !)
- 7 branches de mahonia

Autres matériaux : 15 plumes blanches, fixées à du fil de fer.

Le vase : une forme neutre, équilibrée, ronde par exemple.

Autres combinaisons possibles :

• en bleu et rose -pour les fleurs : iris, giroflées, delphiniums, œillets mignardise ; pour le feuillage : asparagus teinté en rose, fil métallique, laine, fougère, palmier et feuilles teintées en rose.

Fleurs courantes à cultiver ou à acheter

Nom commun	Nom scientifique ou variété	Utilisation du feuillage	Au jardin chez vous	Chez le fleuriste	Présence	Mouvement
Achillée	*Achillea filipendulina*		VII-IX	VII-X	faible	
Agapanthe	*Agapanthus africanus*		VI-VIII	V-IX	forte	
Ageratum	*Ageratum* diff. variétés		V-IX	V-IX	moyenne ou faible	
Ail	*Allium aflatunense* *Allium giganteum* *Allium sphaerocephalon*		V VII-VIII VI-VII	IV-VII IV-VII IV-VII	moyenne forte moyenne	
Alchémille	*Alchemilla mollis*	●	VI	V-IX	faible	
Alstroemère	Hybrides de *Alstroemeria ligtu*		VI-VII	I-XII	forte	
Amaryllis	Hybrides de *Hippeastrum*		XI-III	VIII-IV	forte	
Ancolie	Hybrides de *Aquilegia caerula*		V-VI		forte ou moyenne	
Anémone ☠	*Hybrides de Anemona*		V-VII	X-IV	moyenne ou faible	
Anthurium ☠	*Anthurium andreanum*			I-XII	forte	
Arbre fruitier (abricotier, cerisier, prunier)	*Prunus* diff. variétés		IV-V	XI-V	moyenne	
Asparagus (baies ☠)	*A. densiflorus* *A. falcatus* *A. meyeri* *A. setaceus* (Plumosus) *A. sprengeri*	● ● ● ●		I-XII I-XII I-XII I-XII I-XII	moyenne forte ou moyenne forte ou moyenne moyenne moyenne ou faible	
Aspidistra	*Aspidistra eliator*	●		I-XII	moyenne ou faible	
Bergenia	*Bergenia cordifolia*	●	III-X	II-XI	faible	
Bouillon blanc	Hybrides de *Verbascum*		VI-VIII	VI-VIII	forte	
Brunia	*Brunia albiflora*			XII-V	moyenne ou faible	
Bruyère	*Erica* diff. variétés		XII-V	XII-V	moyenne ou faible	
Buis	*Buxus sempervirens*	●	I-XII	I-XII	moyenne	
Calathea	*Calathea* diff. variétés	●		I-XII	moyenne	
Camomille ▼	*Chrysanthemum matricarium*		VIII-XI	III-XI	faible	
Campanule	*Campanula glomerata* *Campanula pyramidalis*		VI-VII VI-VII	IV-VIII IV-VIII	moyenne forte ou moyenne	
Centaurée	*Centaurea cyanus*		V-VII	VI-IX	moyenne	

Nom commun	Nom scientifique ou variété	Utilisation du feuillage	Au jardin chez vous	Chez le fleuriste	Présence	Mouvement
Centaurée (suite)	*Centaurea macrocephala*		VII-VIII	V-VIII	moyenne ou faible	
Chardon bleu, Echinops	*Echinops ritro*		VII-IX	VI-X	moyenne ou forte	
Chrysanthème ▼	Hybrides de *Chrysanthemum indicum*		IX-XI	I-XII	moyenne ou faible	
Cornouiller à grandes fleurs (confusion avec la bourdaine ☠)	*Cornus* diff. variétés		I-XII		forte ou moyenne	
Dahlia	Hybrides de *Dahlia*		VII-X	VI-XI	moyenne ou faible	
Delphinium ☠	*Delphinium ajacis* Hybrides de *Delphinium*		VI-X VI-IX	V-X VI-X	forte forte	
Digitale ☠ ▼	*Digitalis grandiflora*		VI-VII	IV-VII	forte	
Erémurus	*Eremurus robustus*		VI-VII	V-VII	forte	
Fleur de porcelaine Différentes variétés	Alpinia	●		I-XII	moyenne	
Forsythia	*Forsythia europaea* (intermedia)		IV-V	XI-V	forte ou moyenne	
Fougères — Capillaires	*Adiantum* diff. variétés *Arachnoides adiantiformis*	● ●	I-XII	I-XII I-XII	moyenne moyenne	
Fougères — Néphrolepis	*Nephrolepis* diff. variétés	●	I-XII	I-XII	moyenne	
Freesia	Hybrides de *Freesia*		II-IV	I-XII	moyenne	
Gaultheria	*Gaultheria shallon*	●		I-XII	moyenne ou faible	
Gerbera	*Gerbera jamesonii*		V-IX	I-XII	moyenne	
Giroflée	*Matthiola incana*		V-VIII	III-IX	forte ou moyenne	
Glaïeul	Hybrides de *Gladiolus*		VI-IX		forte	
Grande Berce ☠ ▼	*Heracleum giganteum*		VI-VII	IV-X	moyenne	
Gypsophile	*Gypsophila paniculata*		VI-VIII	I-XII	moyenne	
Hamamélis	*Hamamelis mollis*		I-III		forte ou moyenne	
Herbes folles — Beargrass	*Carex grayi*	●	VIII-X	VIII-X	forte ou moyenne	
Herbes folles — Pennisetum	*Pennisetum alopecuroides*	●	VIII-X	VIII-X	forte ou moyenne	
Herbes folles — Stipe	*Stipa barbata*	●	VIII-X	VII-X	forte ou moyenne	
	Stipa capillata	●	VIII-X	VIII-X	forte ou moyenne	
Hortensia	*Hydrangea* diff. variétés		V-X	V-X	moyenne ou faible	
Hosta	*Hosta* diff. variétés	●	IV-X	III-XI	moyenne	

Nom commun		Nom scientifique ou variété	Utilisation du feuillage	Au jardin chez vous	Chez le fleuriste	Présence	Mouvement
If ☠		*Taxus baccata*		I-XII	I-XII	forte ou moyenne	
Iris ☠		*Iris germanica* diff. variétés		V-VII	I-XII	forte	
		Iris hollandica diff. variétés		V-VII	I-XII	forte	
Ixia		Hybrides de *Ixia*		IV-VI	IV-VII	forte ou moyenne	
Jacinthe ▼ (bulbe ☠)		*Hyacinthus azureus*		II-IV	XI-V	moyenne ou faible	
		Hyacinthus orientalis		IV-V	IX-VI	moyenne ou faible	
Jasmin (J. d'intérieur)		*Jasminum officinale*		VI-IX	VI-IX	moyenne	
Laurier-cerise ☠		*Prunus laurocerasus*	●	I-XII	I-XII	moyenne ou faible	
Liatris ▼		*Liatris spicata*		VII-IX	I-XII	forte ou moyenne	
Lierre ▼ (baies ☠)		*Hedera* diff. variétés		I-XII	I-XII	moyenne ou faible	
Lilas		*Syringa vulgaris*		IV-V	XII-V	forte	
Lis ☠		Hybrides de *Lilium* diff. variétés		VI-IX	I-XII	forte	
Mahonia		*Mahonia* diff. variétés	●	I-XII	I-XII	moyenne ou faible	
Marguerite ▼		Hybrides et variétés de *Chrysanthemum* **ou Leucanthemum**		IX-X	IX-X	moyenne ou faible	
Matricaire ▼		*Chrysanthemum parthenium*		VI-IX	IV-XI	faible	
Millepertuis		*Hypericum calycinum*	●	I-XII		moyenne	
Montbretia		*Crocosmia crocosmiiflora*		VII-IX	V-X	moyenne	
Muflier		*Antirrhinum majus*		VI-IX	IV-XI	forte ou moyenne	
Muguet ☠		*Convallaria majalis*	●	IV-V	I-XII	forte ou moyenne	
Narcisse ▼ (bulbe ☠)		*Narcissus* diff. variétés		III-IV	XII-V	forte ou moyenne	
Noisetier tortueux		*Corylus avellana*		I-XII	I-XII	forte ou moyenne	
Œillet	de poète	*Dianthus barbatus*		VI-VIII	III-VIII	moyenne ou faible	
	des fleuristes	*Dianthus caryophyllus*		VI-VIII	I-XII	moyenne	
Œillet d'Inde, Tagète ▼		*Tagetes* diff. variétés		VI-VIII	V-IX	moyenne ou faible	
Orchidée ▼		nombreuses variétés Hybrides de *Cymbidium*			I-XII	forte ou moyenne	

Nom commun	Nom scientifique ou variété	Utilisation du feuillage	Au jardin chez vous	Chez le fleuriste	Présence	Mouvement
Orchidée (suite)	Hybrides de *Paphiopedilum* Hybrides de *Phalaenopsis*			I-XII	forte ou moyenne	
Orpin	*Sedum spectabile*		VIII-IX	VII-X	faible	
Panicaut	*Eryngium* diff. variétés		VII-IX	VI-X	forte	
Pervenche	*Vinca major/minor*	●	I-XII	I-XII	moyenne ou faible	
Phlox	*Phlox paniculata*		V-VI	VII-X	moyenne ou faible	
Pivoine ☠ Nombreux hybrides	*Paeonia officinalis*		V	V	moyenne	
Poinsettia ▼ (suc laiteux ☠)	*Euphorbia pulcherrima*			XI-I	forte	
Pois de senteur (graines ☠)	*Lathyrus odoratus* nombreux hybrides		V-VII	III-VIII	moyenne	
Pommier	*Malus*		IV		moyenne	
Reine-marguerite marguerite	*A. callistephus*		IX-X	VIII-XI	moyenne ou faible	
	A. novi-belgii diff. variétés		IX-X	VIII-XI	moyenne ou faible	
Rose	*Rosa* diff. hybrides		VI-IX	I-XII	forte ou moyenne	
Rose trémière	*Althaea cannabina*		VI-VIII		forte	
Rudbeckia	*Rudbeckia purpurea*		VII-IX	VI-X	moyenne ou faible	
Scabieuse	*Scabiosa caucasica*		VII-IX	VII-X	moyenne	
Solidaster	*Solidaster*		VII-IX	V-X	moyenne ou faible	
Souci	*Calendula officinalis*		VI-X	V-XI	moyenne ou faible	
Spirée	*Spiraea* diff. hybrides	●	I-VIII	VI-VIII	moyenne	
Statice	*Limonium* diff. variétés		VII-IX	I-XII	moyenne ou faible	
Strelitzia	*Strelitzia reginae*			II-VII	forte	
Thuya ☠	*Thuya* diff. variétés	●	I-XII	I-XII	moyenne ou faible	
Tournesol	*Helianthus annuus*		VII-X	VII-X	forte	
Tulipe ▼ (bulbe ☠)	*Tulipa* diff. variétés		IV-V	IX-V	moyenne	
Véronique	*Veronica* diff. variétés		IV-V	I-XII	moyenne	
Viorne	*Viburnum opulus*		V-VI	I-VII	moyenne ou faible	
Zinnia	*Zinnia elegans*		VII-IX	V-X	moyenne	

Index

Les chiffres en gras renvoient aux illustrations. C= photos de couverture.

pour toute la famille

PETITS PRATIQUES HACHETTE

animaux

Aquariums
Aquarium : les plantes
Canaris
Caniches
Chats
Chiens
Chinchillas
Cochons d'Inde
Hamsters
Lapins nains
Oiseaux du jardin
Perroquets
Perruches callopsittes
Perruches ondulées
Petits chiens
Poissons rouges
Teckels
Tortues
Westies

cuisine

Agneau
Bœuf
Buffets
Champignons
Chocolat
Cocktails
Confitures, conserves*
Cuisine asiatique
Cuisine aux condiments
Cuisine aux herbes
Cuisine bretonne*
Cuisine chinoise
Cuisine créole*
Cuisine grecque
Cuisine italienne
Cuisine orientale
Cuisine pour bébés
Cuisine pour 1 personne
Cuisine provençale*
Cuisine tex-mex
Cuisine végétarienne
Entrées et hors-d'œuvre
Fondues
Gratins et soufflés
Le goût en quatre saveurs
Légumes
Mets et vins
Pâtes
Pâtisserie
Pizzas et tourtes
Plats mijotés
Poissons
Riz
Salades composées
Salades variées
Sauces
Veau
Volailles

jardinage

Bambous
Bégonias
Bonsaï
Bouquets
Cactus
Fleurs à bulbes
Géraniums - Pélargoniums
Boutures*
Jardinières et balconnières
Orchidées
Palmiers
Pelouses et gazons
Plantes aromatiques*
Plantes d'intérieur
Potager
Rhododendrons-Azalées
Roses
Taille

* à paraître

Hachette, côté pratique

Index

Index et bibliographie

Titres des ouvrages de référence

Bouquets décor de Gueroult-D/Duchier-P collection Beaux Livres Hachette.

Fleurs et jardin de A. Pereire collection Beaux Livres Hachette.

Collection Vie Pratique/Jardinage CIL
- Le jardin de fleurs.
- L'orchidée.
- Multipliez vos plantes de jardin.

Comment réaliser le bouquet estival de la couverture ?

1 - Commencez avec deux célosies, quelques branches d'asparagus et les fruits ramifiés du millepertuis. Pour donner de l'assise au bouquet, piquez dans la base du feuillage de troène.

2 - Placez à la même hauteur deux scabieuses étoilées et un dahlia. Veillez à ce que les tiges ne se croisent pas, mais soient bien placées en spirale (voir exercices d'entraînement, page 26).

3 - A la base et au niveau inférieur du bouquet, ajoutez quelques feuilles et fleurs d'orpin, pour que le bouquet s'écarte dans sa partie supérieure et s'arrondisse.

4 - Vous allez étoffer et parfaire cette forme ronde en ajoutant dahlias, célosies, fleurs d'orpin, chrysanthèmes à petites fleurs, asparagus, troène et millepertuis. La touche finale sera donnée par les feuilles de bergénia que vous placerez régulièrement sur tout le pourtour.

Les fleurs : pour ce bouquet, il vous faut :

- 10 célosies pourpres
- 10 dahlias violets
- 8 scabieuses étoilées de couleur vieux rose
- 5 orpins roses
- 5 chrysanthèmes à petites fleurs rose pâle

Le feuillage : il donne de la tenue au bouquet et fait ressortir les fleurs

- 10 branches de millepertuis portant des fruits
- 10 branches d'asparagus
- 10 branches de troène minces
- 6 feuilles de bergénia

Gracile bouquet de printemps garni de feuillage vert tendre et agrémenté de plumes ▷

Crédits photographiques :
Toutes les photos sont de Jürgen Stork

L'édition originale de cet ouvrage a été publiée sous l'intitulé *Blumensträuße selber binden : die schönsten Ideen für alle Anlässe* par Gräfe und Unzer GmbH, München

Traduction : Catherine Weinzorn.
Secrétariat d'édition, composition et maquette: Société Les Cours, Caen.
Dépôt légal : 4161-03-1996
N° éditeur : 21606
ISBN : 2.0101.8095.X
Impression : Canale à Turin, Italie.
62.63.0490.03/3